Kristin Wardetzky/Christiane Weigel

Sprachlos?

Erzählen im interkulturellen Kontext

Erfahrungen aus einer Grundschule

Gedruckt auf umweltfreundlichem Papier (chlor- und säurefrei hergestellt).

Bibliografische Information der Deutschen Nationalbibliothek

Die Deutsche Nationalbibliothek verzeichnet diese Publikation in der Deutschen Nationalbibliografie; detaillierte bibliografische Daten sind im Internet über ›http://dnb.d-nb.de‹ abrufbar.

ISBN 978-3-8340-0473-4

Schneider Verlag Hohengehren, 73666 Baltmannsweiler

Wir danken Marie-Agnes von Stechow für ihren engagierten Einsatz, ohne den dieses Projekt nicht zustande gekommen wäre.
Außerdem bedanken wir uns bei der Schuldirektorin Renate Preibusch-Harder und allen am Projekt beteiligten Lehrerinnen und Lehrern der Anna-Lindh-Grundschule für ihre Unterstützung.

Teil 1
Erzählen - die unbekannte bekannte Kunst

Teil 2
Sprachlos? Ein Projekt zur Sprachförderung von Kindern mit Migrationshintergrund

Teil 3
Anhang

Vorwort

Eine der nobelsten Aufgaben der Schule besteht unbestreitbar darin, mit Kindern die Welt zu entdecken, damit sie sich selbstständig einen Reim auf all die Ungereimtheiten dieser Welt machen können. Wie aber kann dies erfolgreicher geschehen als über Geschichten - insbesondere in den ersten Schuljahren? Geschichten sind in Bilder und Handlungen übertragenes Wissen über die Welt, gebündelte Erfahrungen über Wege und Irrwege des Menschengeschlechts. Ihnen zu lauschen heißt, in die vibrierenden Geheimnisse der Welt einzutauchen.
Dies aber setzt voraus, dass Kinder die Sprache verstehen, in denen die Geschichten erzählt werden. Das ist durchaus keine Selbstverständlichkeit, sieht man sich den Alltag in vielen Schulen der hochindustrialisierten Länder an. Dort kommen Kinder aus allen Kontinenten zusammen und werden konfrontiert mit einer anderen als ihrer Muttersprache. Mühsam erlernen sie eine unbekannte, eine Norm-Sprache, an der mitunter auch ihre Eltern und Geschwister verzweifeln. Spracherwerb kann zum Alptraum werden - kann, muss aber nicht!
In der hier vorliegenden Dokumentation wird detailliert vorgeführt, wie Kinder über das Erzählen von Geschichten ihren eigenen Weg im Dschungel der unbekannten Sprache finden und allmählich sprachmächtig werden.
Drei Erzähl-Künstlerinnen haben Schulanfängern in einem der sogenannten Berliner Problembezirke diesen Weg gebahnt. Über zwei Jahre hinweg haben sie über das Erzählen (nicht zu verwechseln mit dem Vorlesen!) von Märchen aus aller Welt Wunder bewirkt. Aus ‚sprachlosen' Mädchen und Jungen wurden Kinder, die über eine ganze Schulstunde hinweg gebannt den Erzählerinnen lauschten und sich allmählich selbst voller Freude im Nacherzählen und Erfinden von Geschichten erprobten. Aus Zuhörern wurden Erzähler, die Sprache als Schlüssel zur Welt erlebten.

Erzähler im Verbund mit Lehrern, die sich auch als Narratoren verstehen, öffnen den Weg zur Sprache und Dichtung - ein Königsweg ästhetischer Bildung.

Dieses Projekt sollte Schule machen!

Fritz Pleitgen

Im September 2005 startete ein Modellversuch zur Sprachförderung von Kindern mit Migrationshintergrund an einer Berliner Grundschule, in der Kinder aus 27 Nationen lernen. Das Projekt zeigte Ergebnisse, die selbst die hochgestecktesten Erwartungen übertrafen:

Professionelle Erzählerinnen erzählten Schülern der 1. und 2. Klasse über zwei Jahre internationale Märchen. Viele Schulanfänger konnten im Sprachstandstest zu Beginn ihrer Schulkarriere die einfachsten Wörter der deutschen Sprache nicht verstehen. Nach einem Jahr der Teilnahme an dem Modellversuch erzählten sie umfangreiche Märchen im Detail nach und erfanden zutiefst berührende Geschichten. Das Märchenerzählen hatte ihnen einen ungewöhnlichen Zugang zur deutschen Sprache vermittelt, lustvoll, voller Phantasie, mit hoher emotionaler Beteiligung. Von diesem erstaunlichen Prozess wird im Folgenden ausführlich zu berichten sein.

Das Projekt stellt das künstlerische Erzählen traditioneller Geschichten in den Mittelpunkt. Mit ihm sollte die Wirkung dieser alten Kunst auf die Entwicklung von Sprach- und Erzählkompetenz insbesondere bei Kindern mit Migrationshintergrund und aus bildungsfernen Elternhäusern überprüft werden.

Erzählen als Kunstgattung ist in Deutschland weitestgehend unbekannt und wird im Allgemeinen mit dem Vorlesen oder Rezitieren verwechselt. Deshalb sei im ersten Teil dieser Dokumentation das kultur- und bildungspolitische Umfeld umrissen, in dem diese Kunst angesiedelt ist.

Der zweite Teil gibt Auskunft über die Intentionen, die Anlage und den Verlauf des Projektes.

TEIL 1

ERZÄHLEN – DIE UNBEKANNTE BEKANNTE KUNST

... die Erzählung beginnt mit der Geschichte der Menschheit. Nirgends gibt oder gab es jemals ein Volk ohne Erzählung; alle Klassen, alle menschlichen Gruppen besitzen ihre Erzählungen, und häufig werden diese Erzählungen von Menschen unterschiedlicher, ja sogar entgegengesetzter Kultur gemeinsam geschätzt. Die Erzählung ist international, transhistorisch, transkulturell und damit einfach da, so wie das Leben.
Roland Barthes

Erzählen im internationalen Vergleich

„Die Literatur", so Ulrich Greiner in der ZEIT vom 23. 03. 2006, „begann mit der Mündlichkeit, mit der gebundenen Rede, dem rhapsodischen Vortrag, und heute ist sie genau dort wieder angekommen." Allerorten hört man davon, Erzählen sei ‚im Aufwind', Erzählen habe ‚Konjunktur', ja mitunter wird in der Kultur der Gegenwart eine neue ‚Renaissance der Mündlichkeit' diagnostiziert. Mit solchen Aussagen wird auf die Auflagenhöhen von Hörbüchern verwiesen, auf den Zulauf, den Erzähl- und Vorleseveranstaltungen in Theatern, Bibliotheken, Literaturhäusern, Kulturzentren etc. und Lesungen im Rundfunk finden sowie auf Tendenzen des postdramatischen Theaters, das mit dem Narrativen experimentiert und ihm damit neue Horizonte eröffnet.

Innerhalb dieser disparaten Phänomene, die mit dem Begriff ‚Erzählen' in Zusammenhang gebracht werden, etabliert sich weltweit eine Szene des ‚reinen', des rhapsodischen Erzählens. In einigen europäischen Ländern, in den USA, in Südamerika und Kanada ist das professionelle Erzählen zu einem kulturellen Faktor geworden, der in den Bereichen Kultur und Bildung immer stärker an öffentlicher und institutioneller/staatlicher Aufmerksamkeit gewinnt.[1]

Zur weltweiten Renaissance des Erzählens haben insbesondere große internationale Festivals beigetragen, wie z.B. *Graz erzählt* in Österreich, *Beyond the Border* in Wales/Großbritannien, *EPOS* in Vendome/Frankreich, *FABULA Storytelling Festival* in Stockholm/Schweden, der 48-stündige Erzähl-Marathon *Marathón De Los Cuentos* in Guadalajara/Spanien, das *Toronto Festival of Storytelling* in Kanada, das renommierte *National Storytelling Festival* in Jonesborough/Tennessee.

In Frankreich hat der Kulturminister 2003 das Erzählen zu einer der ‚Arts majeurs' erhoben. Dem vorausgegangen war eine Studie, die Henri Touati (Le Centre des Arts du Récit in Isère) im Auftrag des Kulturministeriums über das nationale Erzählen erarbeitet hatte (www.artsdurecit.com). Außerdem beauftragte das Ministerium für Kommunikation eine Arbeitsgruppe, bestehend aus Bruno de La Salle, Michel Julivet und Henri Touati, ein Netzwerk aufzubauen und zu unterhalten für die ca. 300 professionellen Erzähler und die 2000-3000 nationalen Amateure in Frankreich.

In Norwegen wird das Jahr 2009 zum ‚Jahr des Erzählens' ernannt. Über diese internationale Entwicklung merkt der renommierte kanadische Erzähler Dan Yashinsky an:

> The belief that storytelling is a necessary and beneficial art for our time has sparked a contemporary renaissance of oral literature [...] [Storytelling] has been rekindled around the world, with a variety of festivals, groups and gatherings giving storytellers new places to explore their art. There is also a strong and growing interest in the way stories frame and flow our everyday lives, anchoring identity, preserving family heritage and building intercultural bridges. From the rediscovery of folk traditions to the creation of a future folklore, storytellers today are celebrating the renewal of an art many thought was an endangered species (Yashinsky, XVI).

Von dieser internationalen Bewegung ist in Deutschland noch nicht allzu viel zu spüren. Regionale Festivals, z.B. *Zwischenzeiten* in Aachen, *Zauberwort* in Nürnberg, *Im Fluss der Worte* in Stuttgart, *Mundwerk* in Konstanz, das *MärchenFestival* in Neukirchen-Vluyn, *Erzähl mir was* in Remscheid, können in Bezug auf die überregionale Ausstrahlung nicht mit den genannten internationalen Festivals konkurrieren.

Dennoch ist ihre Wirkung nicht zu unterschätzen. Während dieser Festivals versammeln sich professionelle Vertreter des Faches und begeistern ihre Zuhörer, die während dieser Veranstaltungen oft zum ersten Mal mit der Faszination des Erzählens in Berührung kommen.

Die Einladungen zu Festivals sind Höhepunkte im Leben der Erzähler.[2] Im Alltag agieren sie an disparaten Orten: in Theatern, Kleinkunstbühnen, Konzertsälen, Museen, Bibliotheken, Schulen, Kulturzentren, Kindergärten, Restaurants, Einkaufszentren, Altenheimen, Behinderteneinrichtungen, Gefängnissen, auf Märkten und öffentlichen Plätzen – Orte der ‚Hochkultur' und Orte der Bildung, des Kommerzes, des Sozialwesens und der Rechtspflege.

Ein großes Einsatzfeld sind in den europäischen Nachbarländern Schulen und Kindergärten. In Norwegen gibt es das Prinzip des ‚Kulturrucksackes', über den u.a. auch der kontinuierliche Einsatz von Erzählern in den Schulen garantiert wird. Diese bildungspolitische Entscheidung erklärt sich nicht nur aus der Größe des Landes und dessen dünner Besiedelung (die Erzähler sind mobil und können mit minimalem Aufwand auch in die entlegensten Regionen reisen), sondern auch aus einem Kulturverständnis, das in der nationalen Tradition wurzelt, die durch die wechselvolle Geschichte des Landes lange Zeit gefährdet und eben deshalb Garant nationaler Identität gewesen ist.

Nach den Ausschreitungen in Problemvierteln britischer Städte in den achtziger Jahren sind der britische Erzähler Ben Haggarty und seine Kollegen in die Schulen gegangen und haben in den Klassenräumen erzählt, vor „schwierigen Jugendlichen, die unzusammenhängend sprachen und den Kopf voller Fernsehbilder hatten" (Haggarty[3]). Daraus entwickelte sich in Großbritannien eine breite Offensive des Erzählens in den Schulen. Heute geben die professionellen Erzählerinnen und Erzähler aus England und Wales an, vorwiegend im schulischen Bereich aktiv zu werden.[4] Dazu Ben Haggarty:

> The use of storytelling (differentieted from story reading) has immidiate benefits for the development of a pupil's speaking and listening skills. Listening to and responding to stories followed by oral storytelling activities engages learners with a wealth of experiences that link to language with imagination and lead to the rapid clarification and articulation of thoughts. This is vital for many things, including the development of literacy (www.crickcrackclub.com).

Die Schulbehörde erkannte die Bedeutung dieser Intervention und startete 1987 das fünfjährige National Oracy Project (School Curriculum Development Council 1987–1992), in dem die universelle Bedeutung der Mündlichkeit in der Vermittlung von (Welt)Wissen, Sprachkompetenz und Wertebewusstsein überprüft wurde und zu Veränderungen in den Curricula aller Fächer geführt hat.

In einigen europäischen Ländern machen Erzähler ihren Einfluss in sozialen Brennpunkten geltend. Sie initiieren dort Projekte, in denen über das Erzählen Menschen unterschiedlicher Ethnien und Religionen zusammenfinden, ihre Geschichten austauschen und damit einander besser verstehen lernen. So schreibt z.B. die in Stuttgart lebende französische Erzählerin Odile Néri-Kaiser über die Erfahrungen in ihrem Heimatland:

> In den letzten zwanzig Jahren erfuhr die alte Erzähltradition einen Aufschwung, was sicherlich den Afrikanern, nördlich und südlich der Sahara, aus den ehemaligen französischen Kolonien, die in Frankreich sesshaft geworden sind, zu verdanken ist. Sie pflegen hier ihre Kultur weiter, und diese vermischt sich teilweise mit der französischen Lebensart – besonders im Bereich des Kulinarischen, der Musik und des Erzählens. Eine Art Subkultur ist in den Großstädten geboren, die nach und nach neben der traditionellen Hochkultur heranwächst und viele Menschen vereinigt, vor allem Jugendliche.[5]

Als Beispiel für ein generationsübergreifendes Projekt sei das Clay Story Project in Cornwall genannt. Hier arbeiteten Erzähler drei Jahre lang mit Jugendlichen zusammen, die sich wegen Vandalismus zu verantworten hatten. Die Jugendlichen sammelten Geschichten und Erfahrungsberichte von älteren Bewohnern der Region, bearbeiteten sie mit den Erzählern und erzählten sie in öffentlichen Veranstaltungen.[6]

Diese wenigen Beispiele aus den Nachbarländern mögen genügen, um zu verdeutlichen, dass die weltweit agierenden Erzähler nicht jenseits der sozialen und politischen Realität agieren. Sie sind keine weltfremden Sonderlinge, die eine liebenswerte Marotte pflegen.

Nach M. Wilson kamen entscheidende Impulse zur Wiederbelebung des Erzählens in Großbritannien aus der 68er Protestbewegung. Eine Reihe von Schauspielern – heute renommierte Erzähler – verließ das Theater des bürgerlichen Establishments, suchte Formen der demokratischen Kunstvermittlung und fand sie im Erzählen. Erzählen erreicht jeden und ist beinahe überall möglich.

> It is my contention that it was the alternative theatre that most significantly influenced the development of storytelling by providing the cultural, political and intellectual environment in which it could flourish, and also by direct intervention which turned it into a professional activity along the lines of what we have today. By rights, the storytelling movement is best understood as a branch of a vibrant alternative theatre (Wilson, 15).

Erzähler sehen sich in der Verantwortung, mit ihrer Kunst zum einen verstärkt im Bereich der Bildung aktiv zu werden, um die kreativen Potenziale kindlicher Phantasie und Sprachfähigkeit herauszufordern und die Kühnheit kindlichen Denkens zu stärken. Zum anderen reagieren sie auf Verwerfungen der Gesellschaft und schaffen über ethnische oder religiöse Verschiedenheiten und soziale Unterschiede hinweg neue Formen der Geselligkeit, die dem Bedürfnis nach Austausch, Unterhaltung, Verständigung – kurz nach interkultureller Kommunikation – entgegenkommen. Menschen, die aus fremden Kulturen kommen, sind in ihrer neuen Umgebung zunächst in mehrfachem Sinne ‚sprachlos'. Sie alle aber haben überlieferte Geschichten und ihre individuelle – oftmals erschütternde – Geschichte im Gepäck. Erzählen ist ein Schlüssel, um aus dem Ghetto der Sprachlosigkeit herauszukommen, Verständigung anzubahnen, Vorurteile zu befragen. Erzähler in sozialen Brennpunkten und in der Schule sind Mittler dieses Verständigungsprozesses. Sie werden zu Mediatoren für Toleranz und Welterkundung. Die Mündlichkeit stiftet, wie der Philosoph Axel Honneth apostrophiert, ‚narrative Identität' – unerlässlich im Zeitalter globaler Transformationsprozesse, die heute ein Ausmaß annehmen, das weit über den europäischen Migrationsbewegungen nach Nordamerika im 18./19. Jahrhundert liegt. Als Resultat etabliert sich hier eine neue Kultur der Mündlichkeit, und Erzähler werden zu Mediatoren zwischen Kulturen und Ethnien, zwischen Religionen und Traditionen, zwischen Jung und Alt.

Über das öffentliche Ansehen der Erzähler

Trotz hoher Wertschätzung sind und bleiben Erzähler auch heute in gewissem Sinne ‚unsichtbar'.[7] „Professional storytelling [...] tends to operate at ‚grass root' level and is therefore seldom visible to the public and media" (Haggarty, 7). Erzähler gehören nicht zum Establishment. Die Medienöffentlichkeit, die für die Reputation kulturell-künstlerischer Ereignisse eine entscheidende Rolle spielt, bleibt ihnen weitestgehend versagt. Man kann sich mit dem Erzählen weder einen Goldenen Bären noch eine goldene Nase verdienen.[8] Preise, die die Anerkennung des Erzählens im Rahmen der Künste entscheidend aufwerten würden, gibt es in Deutschland nicht. Erzählen ist eine unspektakuläre Kunst und steht damit konträr zur populären Eventkultur. Hier ist keine Show zu erwarten.[9] Die Großen ihres Fachs sind Meister, aber keine Stars.

Erzähler agieren mit großem Engagement und hoher Effizienz vielfach außerhalb des offiziellen Kunstbetriebes. Das macht sie zu Grenzgängern und wirft in Deutschland immer wieder die Frage auf: Ist ihr Status der eines Künstlers oder eines Amateurs? Oder: Ist Erzählen eine ‚reine' oder eine ‚angewandte' Kunst?

Die Grenzen sind fließend. Der je spezifische Ort, das je spezifische Publikum, die je spezifische Situation verlangen von jedem Erzähler ein Höchstmaß an professioneller Flexibilität. Erzählen im Altenheim bedarf anderer Stoffe und Fähigkeiten, als Erzählen vor einem bildungsbürgerlichen Publikum im Museum; beim Erzählen vor Kindern mit Migrationshintergrund im Kindergarten müssen andere Zugangsweisen gesucht werden als vor Mittelschichtskindern in Bibliotheken; Erzählen vor Behinderten braucht spezifische sensitive Befähigungen, und Auftritte auf den Festival-Bühnen setzen performative Kompetenzen voraus.

Unverzichtbar ist in allen Fällen zum einen ein umfängliches Repertoire an Geschichten, um situations- und orts-spezifisch adäquate Entscheidungen treffen zu können. Zur Ausbildung eines solchen Repertoires gehört unabdingbar nicht nur die Aneignung der Geschichten, sondern die Auseinandersetzung mit ihnen – also Hintergrundwissen um deren kulturspezifische Züge und Bedeutung.

Ebenso unverzichtbar ist zum anderen ein umfängliches Reservoir an handwerklichen Mitteln, mit dem der Erzähler das jeweilige Publikum in den Erzählvorgang einbeziehen kann. Beides – Repertoire und Vermittlungskompetenzen – gilt unabhängig davon, ob sich der Erzähler als professioneller Künstler oder als Amateur versteht, es ist unabhängig davon, ob er damit seinen Lebensunterhalt verdient oder nicht und unabhängig davon, ob er eine (professionelle) Ausbildung durchlaufen hat oder nicht. Entscheidend ist, dass der Erzähler seine Verantwortung gegenüber dem Publikum einlöst – und das verlangt, um es zu wiederholen, professionelle Flexibilität. Eben diese Flexibilität kennzeichnet Erzählen als eine spezifische Kunst und grenzt sie von der des Schauspielers ab. Der Erzähler ist Vermittler zwischen Hoch- und Popularkultur, zwischen Kunst und Bildung bzw. Kunst und Sozialarbeit, manchmal auch zwischen Kunst und Therapie. Dieser Status als Grenzgänger erschwert seine Anerkennung im Rahmen der institutionellen Künste und birgt erhebliche Schwierigkeiten bei der Sicherung seines Einkommens. Erzähler sind nicht in einem Berufsverband organisiert, der für ihre Anerkennung kämpfen könnte. Sie ‚vermarkten' sich zum großen Teil selbst; keine Agenten bessern ihr Image auf. Nur selten haben sie Zugang zu Entscheidungsträgern, die über Finanzen bestimmen. In den Medien und im Feuilleton werden sie mit ihren Aktivitäten allenfalls regional, kaum bundesweit wahrgenommen. Sie haben keine Institution im Rücken, die sie – wie z.B. ein Theater – schützt oder stützt.

Das bedeutet auf der anderen Seite auch Freiheit, aber diese Freiheit hat ihren Preis.

Kurzer Exkurs in die Vergangenheit

Teilen Erzähler damit das Los, das ihnen in der Vergangenheit – auch außerhalb Europas – zugeschrieben wurde?

Es muss erstaunen, dass bis heute nur wenige Erzähler zu (literarischen) Ehren gekommen sind: der weise Prinzenerzieher Visnusarman im *Pancatantra* und Sheherazade in *1001 Nacht*. Homer hat in seiner *Odyssee* dem Sänger am Hofe des Königs Alkinoos auf Sheria, Demodokos, ein bleibendes Denkmal gesetzt. Aber bereits in diesem Werk, das am Beginn unserer Schriftkultur steht, wird von einem Sänger erzählt, der – als unliebsamer Zeuge der Mesalliance zwischen Klytämnestra und Aigisthos – auf einer Insel ausgesetzt und den Vögeln zum Fraß dargeboten wird.[10]

In der ersten europäischen Märchensammlung, dem *Pentamerone*, lässt der Autor, Giambattista Basile, die Erzählerinnen als Deklassierte, körperlich missgestaltete Wesen auftreten – eine deutliche Referenz an den Zeitgeschmack. Allerdings erzählen diese Frauen mit solcher Urgewalt, dass alle Gebrechen davon aufgewogen werden und sie als Meisterinnen barocken Parlierens erscheinen.

Die Marginalisierung der Erzähler innerhalb der gesellschaftlichen Hierarchie trägt ambivalente, mitunter brüskierende Züge in vielen Kulturen der Welt. So berichtet Joachim Fiebach, einer der intimen Kenner des afrikanischen Theaters, über das Ansehen der berühmten Griots in Afrika:

> Man betrachtete und behandelte sie, differenziert, aber in der Tendenz ähnlich, als Außenseiter, sozial minderwertig, wenn nicht gar als Wesen, die außerhalb des normalen sozialen Gewebes stehen, als ‚Keine Menschen'. [...] Selbst die, die im Dienste von Königen standen und von diesen als besonders vertraute politische Funktionäre benutzt wurden, fielen aus der normalen Kasteneinteilung – Bauern, Handwerker, militärische Aristokratie – heraus. Man gliederte sie rigoros aus dem sozial anerkannten Berufs- und sozialen Schichtensystem tributärer Gesellschaften aus, obwohl oder gerade weil sie zugleich nicht selten tatsächlichen Machteinfluss im Dienst der Herren hatten. Auch sozial relativ gering gegliederte Gesellschaften mit nur ansatzweise verfestigter Herrschaftshierarchie erachteten berufsmäßige Darsteller (Erzähler) als soziale Außenseiter (Fiebach, 115).

Felix Karlinger fand die unterprivilegierte Stellung der Erzähler durch seine Feldforschung im mediterranen Raum noch in der Mitte des vorigen Jahrhunderts bestätigt. Allerdings kann, in karnevalesquer Art, die Hierarchie umgekehrt werden:

> [...] vielfach missachtete, arme Personen [konnten] mit der Macht des Erzählens eine Rolle gewinnen, eine Rolle in der Gesellschaft, die jener des Helden ihrer Erzählung nahe kommt. Sie konnten Standesschranken überwinden, [...] auf einmal dem Bürgermeister, der unterm Publikum sitzt, Befehle erteil[en] und ihn duz[en]. Der Erzähler

> steht ganz dominierend einem nivellierten Kreis seiner Hörer gegenüber. Er ist der Führer der Gruppe [...], aber natürlich nur, so lange er spricht. Wenn er aufhört, ist er derselbe arme Hund, der er war (Karlinger, 106/07).

Im europäischen Raum bezeugen Archivmaterialien aus der Vormoderne die heikle Stellung der Erzähler in der Gesellschaft. Kirchliche und weltliche Instanzen sind mit ihnen oftmals außerordentlich drastisch verfahren. Das Verbot des Erzählens sog. abergläubischer, heidnischer Lügengeschichten war wohl noch die harmloseste Art der Sanktion.

> Jahrhundertelang wurden durch Kirche und weltliche Behörden Erzählungen als ‚Lügen' zensiert. [...] Spinnstubenabende und andere gesellige Veranstaltungen wurden deshalb in verschiedenen Ländern Europas gelegentlich verboten, die Erzähler exkommuniziert, ausgepeitscht und eingekerkert. In Russland verbannten Zaren bäuerliche Traditionsträger sogar nach Sibirien (Wehse, 9).

Von solcherlei Stigmatisierungen hat sich die Reputation des öffentlichen Erzählers in den heutigen Industriestaaten gänzlich gelöst. Sie gehören endgültig der Vergangenheit an. Dennoch stehen Erzähler nach wie vor unter Legitimationsdruck. Um die Anerkennung ihres Berufs muss nach wie vor gestritten werden.

Diese Situation ist paradox. Denn um Anerkennung bei ihrem *Publikum*, gleich welchen Alters, gleich welcher sozialen Schicht, müssen Erzähler heute nicht ‚buhlen' – im Gegenteil: Die Begeisterung, die ihnen entgegenschlägt, ist oftmals überwältigend – und in den meisten Fällen gepaart mit großem Erstaunen. Es ist, als schwinge in diesem Erstaunen eine Art von Respekt mit, der heute ebenfalls selten geworden ist. Wenn ein 16-jähriger Türke einen Erzähler am Ende einer zweistündigen Veranstaltung beinahe atemlos fragt: „Und das waren alles deine Worte, hast du jetzt erfunden?", dann drückt dies genau diesen Respekt aus: Respekt vor einem heute im Verschwinden begriffenen Vermögen, Menschen durch nichts anderes zu fesseln als durch Stimme, Energie – und eine große Geschichte.

Erzähler müssen aus dem Teufelskreis von Unterfinanzierung, Selbstvermarktung, Selbstausbeutung, Suche nach Fördertöpfen und Kooperationspartnern herauskommen, um sich dem zu widmen, was sie als Erzähler ausmacht: die Beschäftigung mit Geschichten, deren ‚Einverleibung', die kraft- und lustvolle Begegnung mit dem Publikum. Die Zuhörer erwarten von ihnen, dass sie ‚gut', ‚glänzend', ‚brillant' sind – immer und zu jeder Zeit.

Die vorliegende Dokumentation versteht sich u.a. auch als Anstoß zu einer solchen Diskussion.

Eine neue Mündlichkeit?[11]

Die weltweit agierenden Erzähler sehen sich als Glied in der Kette einer jahrhundertealten Tradition. Unter den Gegebenheiten des ‚digitalen Zeitalters', der Erosion der herkömmlichen (familiären) Erzählgelegenheiten und der Fragmentarisierung bzw. Relativierung von Erfahrungswissen richtet sich ihr Bestreben darauf, der Mündlichkeit im öffentlichen Raum wieder Geltung zu verschaffen.

Geschichten vagabundieren

In der Gegenwart erfährt die mündliche Zirkulation von Erzählstoffen, wie sie bis ins 19. Jahrhundert durch bäuerliche Lebenspraxen und durch Formen bürgerlicher Geselligkeit am Leben erhalten wurde, eine Art Revitalisierung. Dazu Ben Haggarty:

> One of the most exciting aspects of the storytelling revival in England is that many new stories are finding their way into the collective repertoire [...] The new stories often have their origins in other countries but, as they seep through the organic refining processes of oral tradition, they adapt, take new forms and eventually become completely acclimatised (unv. Ms.).

Diese Beobachtung des Entstehens eines ‚kollektiven Repertoires' beschränkt sich nicht nur auf England. Über die öffentlichen Erzählveranstaltungen, über nationale und internationale Festivals kommt wieder ein Erzählstrom in Gang, der dem Phänomen der ‚Oralität' in einer von der Schrift dominierten Welt zu neuer Bedeutung verhilft. Das ist ein kulturhistorisch bemerkenswerter Befund, der bisher noch nicht in den Horizont der Kultur- und Medientheorie gerückt ist. Über das öffentliche Erzählen finden Geschichten jenseits des Buches ihre Verbreitung. Auf den internationalen Festivals werden Geschichten über Ländergrenzen hinweg transportiert und finden über die ortsansässigen Erzähler Eingang in deren Repertoire – das bedeutet Migration und Assimilation der Erzählstoffe im internationalen Austausch.

Mündlich vermittelte Geschichten kennen keine individuellen Verfasser. Autorenrechte können hier nicht eingeklagt werden. Sie vagabundieren, sie gehören allen und jedem. In einer Sufi-Weisheit heißt es: Wenn ich die Geschichte erzähle, gehört sie mir; wenn sie beendet ist, gehört sie dir.

Ein besonders prägnantes Beispiel dafür, wie Geschichten als gemeinsamer Besitz einer Gruppe von Menschen verstanden werden, bieten die Geschichtenerzähler der Shona in Zimbabwe. Wenn sie ihre Darstellung beenden, gebrauchen sie die metaphorische Formel ‚That is where the story died'. Dazu Joachim Fiebach mit Berufung auf K. C. Chinyowa:

> Obwohl die *sarungano*, die Darstellerinnen, Geschichten jeweils anders, ‚eigenartig' als die ihrigen gestalten, sei das allgemeine Verständnis, dass nicht sie, sondern die Gemeinschaft die ‚Eigentümer' sind. Deshalb müsse die Erzählerin am Ende einen symbolischen Tod sterben. Sie ‚sterbe', um anderen zu ermöglichen, die Geschichte auf deren besondere Weise zu erzählen. Der ‚Tod' werde gewöhnlich mit spezifischen sprachlichen Äußerungen und in ritueller Haltung gespielt (Fiebach, 103).

Transformationsprozesse

Professional storytellers are walking librariens.
Ben Haggarty

Anders als diese Sarungano verdanken die Erzähler in den Industrieländern ihr Geschichtenrepertoire in der Regel zunächst dem Buch. Das Buch ist ihre wesentlichste Inspirationsquelle. Sie profitieren damit vom Fleiß der

Feldforscher, der Sammler, Übersetzer und Verleger. Sie übertragen jedoch das zwischen Buchdeckeln fixierte Erzählgut wieder in den ‚Aggregatzustand' der Mündlichkeit und geben es damit frei – frei für Veränderungen. Sie lassen dem Buch entlehnte Geschichten in den lebendigen Strom des Rhapsodischen zurückfließen.

Pointiert formuliert Ben Haggarty diese Rückverwandlung: „There are no scripts in storytelling. Each telling of a traditional tale is a unique improvised event", und sein englischer Kollege Taffy Thomas bestätigt diese Erfahrung, gibt jedoch zu bedenken:

> What happens when you get a new story is that the first twenty times it's in a glorious floating state where it can alter quite radically. But after twenty tellings it tends so settle and probably doesn't alter much. But still the form is loose are generous enough, so that if you hear of a new idea while you're working, you can slide it in (Wilson, 192).

Buchtexte sind für Erzähler keine kanonischen Texte, die von einer Priesterschaft zu verwalten wären. Denn Erzählen ist ein situatives Geschehen. Der Erzähler stellt sich auf die Erwartungen und Bedürfnisse des Publikums ein und erschafft seinen Stoff je nach Akzeptanz durch die Zuhörerschaft jeweils neu.[12] Das Publikum formt in gewisser Weise den Text mit. Eine verbindliche ‚Endform' (wie sie das Buch suggeriert) kann es im Erzählen nicht geben.

Mit dieser Praxis greift der Erzähler das auf, was für das Geschichtenerzählen seit je konstitutiv gewesen ist – im Unterschied zum Geschichtenschreiben. So resümiert die Volkskundlerin Linda Dégh, dass der Erzähler

> bei der Gestaltung der Erzählung während des Erzählprozesses [...] überkommene inhaltliche und formale Elemente sowie Gesten kombiniert und [...] Abwandlungen Raum [gibt], zu denen er durch die Reaktion der Zuhörer angeregt wird. Das Erzählen einer Geschichte ist daher immer ein nicht wiederholbares Ereignis; durch das Zusammenwirken von E., Zuhörern und Überlieferung entsteht eine einmalige ‚Erzählversion'. (Dégh, Spalte 315)

Erzählen – kann man das lernen?

Now I believe it is the easiest thing in the world to tell a story
– and the hardest to be a fine storyteller.
Ruth Sawyer

Die Festivals und die Erzählveranstaltungen, die mehr und mehr an Boden gewinnen, lassen heute allmählich ein Bewusstsein dafür entstehen, dass jenseits aller technischen Vermittlungs- und Verführungsindustrien der leibhaftig anwesende Mensch, der Mensch in seiner physischen Präsenz als Erzähler auch die raffiniertesten kulturellen Aufrüstungen aus dem Felde schlagen kann – mit nichts anderem als einer frappierenden Geschichte, mit seiner Stimme, seiner Leidenschaft.

Wo, so muss man sich fragen, kommen diese neuen Rhapsoden her? Wo haben sie das Erzählen gelernt, welcher ‚Schule' verdanken sie ihr Können?

Die traditionellen Formen, in denen sich die junge Generation in einem latenten, durch Tradition und Konvention gestützten mimetischen Verfahren die Stoffe und Modi des Erzählens aneignet, sind nur noch in wenigen Regionen dieser Welt anzutreffen. Volkskunde, Ethnologie und Kulturwissenschaften haben Relikte dieses im Schwinden begriffenen Vermittlungsprozesses festzuhalten versucht. So resümiert Linda Dégh in Bezug auf traditionelle Vermittlungspraxen: „Der E[rzähler] lernt sein Fach bewußt wie andere traditionelle Künstler Lieder, Tänze und Rituale. Der Lernprozeß beginnt als Teil der Enkulturation und Sozialisation in der Kindheit" (Dégh, Spalte 330).

In den Industrieländern sind die Grundlagen dieser Kontinuität nicht mehr vorhanden. Dennoch berufen sich berühmte Erzähler und Erzählerinnen auch heute noch auf die unersetzbare Wirkung des lebendigen Vorbildes. Ben Haggarty z.B. nennt als seinen Lehrer, der den größten Einfluss auf die Entwicklung seiner Erzählkunst hatte, den schottischen Traveller Duncan Williamson (1928–2007) – einen legendären Analphabeten mit einem Repertoire von mehr als 1000 Geschichten. Heidi Dahlsveen, eine große norwegische Erzählerin, bezeichnet wiederum Ben Haggarty als ihr Vorbild. Dan Yashinsky nennt u.a. Angela Sidney und Alice Kane, zwei ‚tagish elder', wie er sie nennt, denen er eine Fülle von Geschichten und Inspirierendes über die Kunst des Erzählens verdankt; für den Nürnberger Erzähler Martin Ellrodt wiederum ist Dan Yashinsky das große Vorbild. Eben dieser kanadische Erzähler bemerkt zum Verhältnis von Buch und lebendigem Erzählervorbild an:

> Although [...] my local library is my main source of stories, the art (Hbg. D.Y.) itself I learned by spending unhurried time with my elders. Whatever I know of the integrity of the art and the depth of oral literature I learned from Alice Kane, Joan Bodger and Angela Sidney. [...] I observed their art, thought about their dazzling skills an knowledge, [...]; in other words, I was a devoted listener to those who knew far more about stories, storytelling and life than I (Yashinsky, 81).

Ausbildungsangebote

Die Mehrheit der heutigen Erzähler kann bestätigen, dass die Begegnung mit Berufskollegen für die Entwicklung ihres eigenen, unverwechselbaren Erzählstils unverzichtbar ist.

Gleichzeitig gibt es in den Industrieländern einige Zentren oder (private) Initiativen, die Unterricht im Erzählen anbieten. Einige Beispiele:

In Frankreich begann vor 1981 das *Conservatoire contemporain de Littérature Orale (CliO)* in Vendome, begründet von Bruno de la Salle (www.clio.org), und später das *Maison du Conte* in Chevilly-Larne unter Abbi Patrix und Michel Julivet mit der Ausbildung und Förderung von professionellen Erzählerinnen und Erzählern (www.lamaisonduconte.fr). In Curitiba, im Süden Brasiliens, bildet das *Casa do Contador de Histórias* ein Zentrum für die über 7 500 aktiven Erzähler Brasiliens, in dem auch Fort- und Weiterbildungen angeboten werden (casahistorias@uol.com.br). In Kanada wurde 1979 die *Storyteller's School of Toronto* gegründet (admin@storytellingtoronto.org). In Oslo gibt es am *Oslo*

University College eine dreigliedrige Erzählerausbildung. Im *Washington Storytelling Theatre* treffen sich professionelle Erzähler aus allen Teilen der USA und bieten Workshops an. In Israel gibt es in der *Sha'ar Zion Library* in Tel Aviv eine einjährige Ausbildung für Erzähler. In England geben hochqualifizierte Erzähler ihre Erfahrungen in Kursen weiter, die der *Crick Crack Club*, ein Projekt des *London Centre for International Storytelling*, organisiert. Das *Scottish Storytelling Centre* in Edinburgh, das im berühmten John Knox House, dem ältesten Royal Mile Mansion von 1472 residiert, bietet ebenfalls umfassende Aus- und Fortbildungsprogramme an. Eine akademische Ausbildung im Erzählen gibt es am *George Ewart Evans Centre for Storytelling* an der University of Glamorgan (Irland). Ziel der Kurse ist „to indroduce students to storytelling, both in performance and as a tool for use in a variety of applications ranging from education to social work, healthcare to working with disadvantaged communities or as a means of recording and exploring local history and traditions". Anthroposophisch intendierte Kurse findet man am *Emerson College* in East Grinstead. Ansonsten gehört in England Storytelling zum (festen) Bestandteil der Schauspielausbildung.[13]

In Deutschland hat sich seit 1989/90 die Europäische Märchengesellschaft (EMG) mit einem umfangreichen Programm an Praxisseminaren und theoretischen Veranstaltungen (Jahreskongresse, Frühjahrstagungen) um die Vermittlung von Erzählkompetenz verdient gemacht. Angestoßen durch Margarete Möckel steht im Zentrum dieser Ausbildung das Erzählen von internationalen Volksmärchen, verbunden mit der Vermittlung theoretischer Grundlagen aus Volkskunde, Literatur- und Religionswissenschaft sowie Psychologie. Ein Gutteil der in der EMG organisierten Erzähler und Erzählerinnen verfügen über ein beeindruckendes Repertoire an internationalen Märchen.

Dem Fortbildungsangebot der Akademie Remscheid liegt ein weiter Erzählbegriff zugrunde: Hier kommt vor allem das improvisierende und biografisch/lebensgeschichtliche Erzählen zu seinem Recht. In einem auf vier Jahre angelegten Projekt, der Erzählwerkstatt Ludwigshafen, werden Erzieherinnen aus 18 Kindergärten im Erzählen fortgebildet. Die wissenschaftliche Begleitung des Projektes obliegt der Akademie Remscheid.

An der Universität Bremen hat Johannes Merkel auf die Erzählausbildung für Lehramts- und Erzieherinnenstudenten entscheidenden Einfluss genommen (www.stories.uni-bremen.de). Fortgeführt werden seine Initiativen insbesondere durch Julia Klein im Bremer Institut für Bilderbuch- und Erzählforschung.

Christel Oehlmann unterrichtet Erzählen an der Hochschule für angewandte Wissenschaft und Kunst Hildesheim-Göttingen-Holzminden.

Neben diesen institutionellen Initiativen gibt es Vereine oder private Angebote, die über Abendkurse, Seminare und Werkstätten die Kunst des Erzählens vermitteln.

An der Universität der Künste Berlin ist dieses Fach in den Studiengang Theaterpädagogik eingebunden. Die Ausbildung wendet sich an Studierende des Masterstudiengangs Theaterpädagogik sowie an berufsbegleitend studierende Lehrerinnen und Lehrer, an Gast- und Nebenhörer. Erzählen versteht sich hier als Genre der Darstellenden Kunst. Es versteht sich als Fortführung des Rhapsodischen, das sich der Tradition versichert und sie gleichzeitig erneuert. Erzählen heißt hier der lebendige Umgang mit tradiertem Material. Erzählen heißt – bei allem Respekt vor den oralen Quellen – deren Transformation ins Hier und Heute.

Seit 2007 unterrichtet hier Ben Haggarty als Honorarprofessor.

Aus Büchern lernen

Die gedruckten Sammlungen ehemals oral tradierter Geschichten sind, wie bereits erwähnt, die stofflichen Inspirationsquellen für Erzähler.

In diese Sammlungen ist das Erfahrungswissen vieler Generationen von Erzählern ‚eingeschrieben'. Diese Geschichten, die im intimen oder geselligen Erzählraum, später in der Literatur überdauerten, haben ein Substrat ausgebildet, das „eben so prägnant, so gültig, so verbindlich, so ergreifend in jedem Sinne [ist], daß sie [...] sich immer noch als brauchbarster Stoff für jede Suche nach elementaren Sachverhalten des menschlichen Daseins anbieten" (Blumenberg, 166).

Sie sind Projektionsflächen, in die wir zentrale zwischenmenschliche Erfahrungen des Hier und Heute einschreiben können. Ben Haggarty meint, „these stories carry the whole material and psychological history of humanity in their vast ocean of genres. Most of the stories told are sourced in what UNESCO terms ‚intangible cultural heritage'" (Haggarty, 6).

Die Kunst des Erzählers besteht darin, die tradierten Geschichten ins Heute zu holen und ihre Bedeutung für existenzielle Fragestellungen der Gegenwart transparent zu machen.

Was diese Geschichten über ihre inhaltliche Bedeutung hinaus empfehlenswert macht, ist ihre poetische Substanz. Sie sind im Stilistischen handlungsorientiert, verlieren sich weder in weitschweifigen Situationsschilderungen noch in der Beschwörung von Atmosphärischem noch in psychologischen Begründungen bzw. Rationalisierungen. Ihre Ikonografie ist klar, prägnant, einprägsam. Im Sprachlichen behaupten viele der schriftlich fixierten Geschichten einen vom Alltagsidiom deutlich unterschiedenen Umgang mit dem Wort. Auch darüber wird der Eintritt in die ‚Anderswelt' des Märchens oder des Mythos' kenntlich gemacht. Beim Gebrauch dieser Sprache im Erzählen wird die Faszination erlebbar, die poetische Mittel wie Alliteration, Assonanz, Rhythmus, Reim, Refrain, Vers auszuüben vermögen. Der Sprach-Rhythmus dieser Geschichten, ihre Phrasierungen, ja mitunter ihre metrische Gliederung – das verleiht ihnen Musikalität, die beim Erzählen wieder hörbar wird.

Die Kunst des Erzählens besteht eben darin, die Sprache der Poesie, wie sie in Büchern überliefert ist, von aller Künstlichkeit zu befreien und ihr das Archivalische zu nehmen.[14] Im freien Improvisieren ist sie noch immer die beste Schule gegen Trivialität und Banalisierung.

Bruno de La Salle spricht von der Verantwortung, die Erzähler für die Qualität der Sprache tragen:

The fact that words belong to us and that we are dependent on them makes us responsible for ensuring that they are of good quality, and that there is a good exchange and circulation of words, und er fordert in diesem Zusammenhang eine ‚Ökologie des gesprochenen Wortes' ein (La Salle, 79).

Von Erzählern lernen

Storytelling is the primal literary experience and can only be truly experienced in performance.
Ben Haggarty

So unverzichtbar Bücher für die Erzähler sind, so wichtig ist die Begegnung mit lebendigen Vorbildern. Was man von ihnen lernen kann, ist zunächst die Beherrschung und individuelle Gestaltung der Erzählsituation mit der Trias *Erzähler, Geschichte, Zuhörer.*[15]

Der Erzähler
Was macht seine unverwechselbare Eigenart aus? Wie tritt er zu Beginn einer Veranstaltung vor sein Publikum? Ist er, wie Canetti die Erzähler auf dem Djema el Fna in Marrakesch beschreibt, in „auffallender Weise gekleidet [...] wie hohe, aber märchenhafte Persönlichkeiten" (Canetti, 81), oder sitzt er in schwarzem Trikot vor seinem Publikum, wie der italienische Schauspieler/Erzähler Marco Baliani,[16] oder verschwindet er im Bühnenkostüm wie Bernhard Minetti während seines Grimm-Abends,[17] oder kommt er gänzlich unaufwändig daher mit Hemd und Jeans wie der legendäre Abbi Patrix, oder trägt sie die Tracht ihrer Großmutter, wie Katharina Ritter bei ihren *Schwabenkindern*, oder erkennt man ihn immer am Pullover, wie den Freiburger Gidon Horowitz?

Wie lauten seine ersten Worte, Sätze? Wie nimmt er mit den Zuhörern Kontakt auf? Wie gestaltet er die Interaktion mit dem Publikum im Verlauf der Veranstaltung? Kann er allein über Augenkontakt und Stimmtechnik die Aufmerksamkeit halten, und/oder arbeitet er mit ‚call and response', wie dies für traditionelle Gesellschaften (meist) obligatorisch gewesen ist. Eine Reihe britischer Erzähler haben z.B. das ‚Crick-Crack' aus Haiti übernommen und in ihre Performances eingebaut. Sie unterbrechen damit für Sekunden ihre Geschichte, aktivieren das Publikum und feuern sich selbst damit an.

Wie wird der Körper des Erzählers ‚beredt'? Bleibt er beim Erzählen beinahe unbewegt und dennoch ungemein präsent, oder nutzt er Gestik und Mimik als quasi zweiten ‚Text'? Ist sein Körper durchlässig für die Impulse, die aus seiner Beziehung zum Erzählten entstehen?

Wie steht er zu seinem Körper? Ist es ihm selbstverständlich, sich vor den Augen anderer zu präsentieren – ohne in narzisstische Attitüden zu verfallen? Kann er sich in unverkrampfter Freude vor seinem Publikum zeigen?

Erzählen ist eine körperliche Kunst. In dem kommunikativen Vorgang des Erzählens spielt die Körperlichkeit eine dominante Rolle. Der Körper und das Gesicht sind die Bühne des Erzählers. Alles, was der Zuschauer hier entdeckt, erzählt etwas – mitunter mehr oder anderes als die Worte. Die Sprache des Körpers ist das mimische Gegenstück zum gesprochenen Wort.

Der Erzähler will mit seiner Geschichte ‚berühren' – das Wort verweist in seinem Ursprung auf Körperlichkeit, auf den physischen Kontakt mit einem Gegenüber. Der Erzähler ‚berührt' uns nicht nur mit seiner Geschichte, die über die Imagination etwas in uns ‚anrührt'. Er berührt uns ebenso mit seiner körperlichen Ausstrahlung. ‚Ausstrahlung' – das ist die ins Allegorische übertragene Erfahrung der direkten, körperlichen Berührung. Die Symbiose von verbalem und körpersprachlichem Text erweist sich als konstitutives Merkmal des Erzählens.

Zentrales Instrument des Erzählers ist die Stimme. Welche Register an stimmlichen Mitteln stehen ihm zur Verfügung? Wie setzt er diese Mittel ein, um Figuren leibhaftig vor unserem inneren Auge erscheinen zu lassen? Wie kann er mit seinem Atem die Geschichte ‚beseelen' und den Zuhörer in einen gleichen Atemrhythmus einschwingen? (Der bekannte Bremer Erzähler/Pädagoge/Theoretiker Johannes Merkel spricht treffend von ‚interaktionaler Synchronisierung' – Merkel, 88).

Der Einsatz körpersprachlicher und stimmlicher Mittel ist nicht nur vom Temperament und der jeweiligen körperlichen Konstitution des Erzählers abhängig, sondern wird in starkem Maße beeinflusst durch kultur- und mentalitätsspezifische Hör- und Sehgewohnheiten. So charakterisiert z.B. der amerikanische Feldforscher Richard M. Dorson die außergewöhnliche Kunst afro-amerikanischer Erzähler aus den Südstaaten der USA damit, dass sie in der Regel nicht durch Eloquenz der Worte faszinieren, sondern durch ihr Vermögen, Tierstimmen, Laute, Geräusche von Werkzeugen und Maschinen täuschend ähnlich zu imitieren. Sie ‚würzen' damit ihre Geschichten und färben im Dialog die gesprochenen Worte mit diesen Klang-Imitaten ein. „[...] the manufacture of noises and indescribable sounds distinguishes the Negro tales [...] a radio technician would envy" (Dorson, 51). Selbst beim Erzählen Grimm'scher Märchen, die sich interessanterweise in ihrem Repertoire befinden, unterlegen sie die Darstellung der Handlung mit einem breitgefächerten Repertoire an onomatopoetischen Mitteln.

Außerdem gewinnen die Geschichten dieser Erzähler durch vielfältige Reminiszenzen an religiöse Praktiken ihren unverkennbaren Habitus: „The intoned prayer, the rhythmic cry, the chanted phrase, and the religious lyric become stock in trade [...], and their tales incorporate these possessions" (Dorson, 49). Bei aller Variabilität, durch die sich die einzelnen Erzähler deutlich voneinander unterscheiden, trägt ihr Erzählstil unverkennbar solche kulturspezifischen Züge.

Die Geschichte

Die Geschichte des Erzählers ist ephemer. Sie bildet sich aus in der Zwiesprache mit dem Publikum und erhält ihre lebendige, sinnliche Gestalt über die Imaginationsfähigkeit des Zuhörers, angestoßen vom Erzähler.

Wie gelingt es ihm, diese Imaginationskräfte des Zuhörers so zu aktivieren, dass der ‚Film' im Kopf des Zuhörers abläuft, er also zum Zuschauer eines von ihm selbst geschaffenen imaginären Geschehens wird?

Welche Geschichten wählt der Erzähler für seine Veranstaltung aus? Sind sie der Erzählsituation/dem

Publikum angemessen? Haben sie die richtige Länge und Spannkraft? Flicht der Erzähler Kommentare oder direkte Anspielungen ein?

Dabei ist die zentrale Frage vor allen anderen: Wie gelingt es dem Erzähler, zurückzutreten hinter seine Geschichte? Wie wird er zum Medium der Geschichte? Wie gelingt ihm die ‚magische' Duplizität: einerseits die Geschichte in die unmittelbare Gegenwart des Augenblicks zu holen, sie in der Imagination des Zuhörers so zu verlebendigen, als sähe er das Geschehen real vor sich, und gleichzeitig doch nichts anderes ‚wirklich' zu sehen als den physisch agierenden Erzähler?

Der Engländer Daniel Mordon beschreibt dies wie folgt:

> [...] the audience almost forget that we're there. [...] We tell The Iliad and The Odyssee, and a version of Metamorphoses. We dress very neutral and we try - some circumstances in which we perform prevent this from happening - we try all the time the artistry nor our personality are prominent. We hope the audience is left with the images from the story, which of course take place in the mind's eye rather than on the stage. [...] The technique is about trying to eradicate any physical an vocal manirims that might pull the audience back to me. Anything that I do has to be in order to make the story more apparent for the audience (Wilson, 168).

Gelingt es ihm, den Reichtum der Geschichte transparent zu machen, ihr alle Farben und Nuancen abzugewinnen, die im Stoff verborgen sind? Kann er uns in der Begeisterung für das Heldenhafte auch das gnadenlos Abgründige, das Verderbte nacherlebbar machen - und das Skurrile, Groteske, Arabesque, das in den Falten der Geschichten auf das Entdecktwerden wartet?

Die Zuhörer

Erzählen ist eine dialogische Kunst. Sie setzt die aktive Beteiligung aller, deren ‚physische Ko-Präsenz' voraus.

Die erste und unverzichtbare Aufgabe des Erzählers ist die, Kontakt herzustellen mit seinem Gegenüber. Wie macht er seine Veranstaltung zu einem Fest, bei dem jeder zu seinem Recht kommt, bei dem jeder sich eingeladen, angesprochen, ‚gemeint' fühlt? Wie macht er seine tatsächliche, nicht die gespielte Zuwendung spürbar?

Wie versichert der Erzähler sich seines Gegenübers? Wie geht er mit Erwartungen, Unruhe, Störungen um? Wie hält der Erzähler die Spannung zwischen Nähe und Distanz zum Publikum? Wo verführt er, wo fordert er kritische Distanz heraus? Wie findet er den ‚richtigen Ton', d.h. wie gelingt es ihm, sich auf sein je spezifisches Publikum tatsächlich einzulassen, mit ihm zu kommunizieren, ohne sich anzubiedern oder zu manipulieren oder zu verletzen oder über die Zuhörer hinwegzusprechen?

Zuhören ist keine unveränderliche anthropologische Konstante, sondern wird bestimmt von kommunikativen Strategien, die historischen Veränderungen unterworfen sind. Unter den Bedingungen medialer Vielstimmigkeit, des ‚Surfens' und ‚Switchens', der Verkürzung von Aufmerksamkeitsressourcen stellt die Justierung auf nur einen ‚Kanal', wie sie für das Erzählen obligatorisch ist, eine nicht unerhebliche Herausforderung dar - für Erzähler und Publikum in gleichem Maße. Wie gestaltet sich in diesem problematischen Umfeld gelingende Kommunikation?

Bei all diesen Fragen bleibt weitestgehend offen, was das Geheimnis guter Erzähler ausmacht: Ihre

Leidenschaft, ihre Energie, ihre Wachheit, ihre Schlagfertigkeit, ihr Humor – diese Attribute, die nur bedingt erlernbar sind, machen das aus, was wir mit Charisma umschreiben. Erlernbar ist das nicht. Aber im Lernprozess können charismatische Persönlichkeitszüge entdeckt, aufgeweckt, gestärkt und kommunizierbar werden – ein grandioses Abenteuer, das die Lehre in diesem Bereich zu einer zutiefst beglückenden Lebensaufgabe macht.

Die Erzählerinnen Sabine Kolbe, Kerstin Otto, Marietta Rohrer-Ipekkaya

Die drei Erzählerinnen, die das hier dokumentierte Schulprojekt realisiert haben, sind aus der theaterpädagogischen und Erzähl-Ausbildung an der Universität der Künste Berlin hervorgegangen. Sie arbeiten, gemeinsam mit Suse Weisse, im Erzähltheater FABULADRAMA. Sie sind im In- und Ausland als professionelle Erzählerinnen aktiv.

Sie erproben Formen des Erzählens, die an performativen Kunstentwicklungen der Gegenwart anknüpfen, jedoch ganz dem Wort und der Imaginationsfähigkeit der Zuhörer vertrauen. Die poetische Sprache in ihrer Bildhaftigkeit, in der Verführungskraft ihres Klangs und ihres Rhythmus wiederzuentdecken, das ist das besondere Vergnügen, das FABULADRAMA mit seinen Zuhörern teilt.

Besonders bewährt hat sich die Kunst der Erzählerinnen im interkulturellen Kontext. Kinder (und Erwachsene) aus Migrationsfamilien folgen ihnen mit ungebrochener Konzentration, auch wenn das Verständnis einzelner Formulierungen fremd bleibt. Die Faszination des lebendig erzählenden Menschen, der mit den Zuhörern eine imaginäre Welt entwirft, schließt Verständnislücken und schwingt beide in einen gemeinsamen Erlebnisraum ein.

FABULADRAMA gelingt es, alte Stoffe – Mythen und Märchen –, die beim Lesen sperrig und schwer zugänglich erscheinen, so zu erzählen, dass sie mühelos kommunizierbar werden, ohne sie dem alltäglichen Sprachgebrauch anzupassen. Damit holt FABULADRAMA einen Teilbereich unserer Kultur zurück ins öffentliche Bewusstsein, der in der Medienwelt verloren zu gehen droht oder nur noch rudimentär erfahrbar bleibt.

FABULADRAMA erzählt nicht nur, sondern verbindet das Erzählen in der Schule, im Kindergarten oder im Freizeitbereich mit theaterpädagogischen Aktionen. Erzählen und (Theater)Spielen ergänzen sich dabei auf ideale Weise. Kinder und Jugendliche gewinnen über diese szenischen Erzählformen an Selbstvertrauen und Sprachkompetenz, und sie haben Lust, sich auf kreative Weise mit spannenden Stoffen der (Volks)Literatur auseinanderzusetzen.

Die Erzählerinnen von FABULADRAMA geben darüber hinaus in universitären Seminaren und Workshops ihre Erfahrungen im Erzählen an Lehramtsstudierende, Bibliothekarinnen, Pädagogen und andere Interessierte weiter. Da sie einen Abschluss als Theaterpädagoginnen an der UdK erworben haben, gelingt ihnen dies in höchst lustvoller und kreativer Weise. Sie sind mittlerweile zu erfahrenen und geschickten Dozentinnen geworden und werden von den Studierenden mit Begeisterung aufgenommen.

Sabine Kolbe ist an der Theaterhochschule „Hans Otto" Leipzig ausgebildete Diplomschauspielerin und war von 1986–1992 am Thalia Theater Halle engagiert, bis sie der Weg nach Berlin und zur Universität der Künste führte. Seit 1996 arbeitet sie freischaffend als Schauspielerin (www.theatersiebenschuh.de), Erzählerin, Theaterpädagogin und Dozentin. Zahlreiche Märchenprojekte sind in Zusammenarbeit mit dem Kinder- und Jugendliteraturhaus *LesArt* entstanden. Lehraufträge zum Erzählen führten sie unter anderem an die Universitäten Erfurt, Halle/S., Kassel und die FU und UdK Berlin. Als Erzählerin für Kinder und Erwachsene ist sie in ganz Deutschland unterwegs.

2005 erhielt sie den Thüringer Märchen- und Sagenpreis „Ludwig Bechstein".

Kerstin Otto ist Diplombetriebswirtin, hat zehn Jahre eine künstlerisch orientierte Freizeiteinrichtung für Kinder und Jugendliche geleitet, mit dem Schwerpunkt Theater und Hörspiel. Seit 1995 arbeitet sie in verschiedenen Theaterprojekten für Kinder und Erwachsene. Berufsbegleitendes Studium an der HdK Berlin von 1998–2002. Sie ist Mitglied in verschiedenen Theaterensembles, im Erzähltheater FABULADRAMA und in der deutsch-englischen Theatercompanie Fleapit-Theatre. Sie ist freischaffend als Erzählerin, Schauspielerin und Workshopleiterin seit 2002 tätig und vorwiegend im deutschsprachigen Raum unterwegs. Sie verfügt über vielfältige Erfahrungen im Bereich des Straßentheaters und des Erzählens im öffentlichen Raum.

2005 erhielt sie den Publikumspreis beim Märchenfestival in Neukirchen-Vluyn.

Marietta Rohrer-Ipekkaya aus Nordrhein-Westfalen ist Schauspielerin (Diplom an der Musikhochschule des Saarlandes Saarbrücken) und Theaterpädagogin (Universität der Künste Berlin). Sie war engagiert u.a. am Staatstheater Saarbrücken, an den Staatlichen Bühnen Berlin unter Peter Stein und dem Tourneetheater München. Sie arbeitete in Berlin am Berliner Ensemble, in der Bar jeder Vernunft und dem Tiyatrom. Regieverpflichtungen und theaterpädagogische Arbeiten führten sie u.a. nach Istanbul ans AKBank Tiyatrosu und am Stadttheater Istanbul.

Sie arbeitete als Dozentin für Erzählen am Institut für Theaterpädagogik der UdK Berlin. Sie leitete Erzählprojekte mit dem Schwerpunkt ‚Märchen und Mythen aus aller Welt' und ‚Erzählen als Arbeit an der Biografie' in verschiedensten Institutionen der Bundesrepublik. Sie spricht fließend Türkisch, und den türkischen Märchen und Geschichten gehört ihre besondere Liebe. Sie unterrichtet Lebenskunde in Berliner Schulen im Rahmen des Humanistischen Verbandes Deutschland.

Anmerkungen

1 Vgl. den informativen Überblicksartikel von Sabine Wienker-Piepho: ‚Storytelling' und ‚Storyteller': einige Bemerkungen zum zeitgenössischen Erzählen. In: Märchenspiegel 1/1995, 6. Jg., 4 - 6.

2 Aus sprachökonomischen Gründen wird im Folgenden der Terminus ‚Erzähler' gebraucht, der für beide Geschlechter in gleicher Weise gilt.

3 Dorothee Nolte: Kunst des Abwandelns. Portrait eines Storytellers. In: Der Tagesspiegel, 14. 07. 2007.

4 In einer Untersuchung, die Ben Haggarty 2002 unter den Erzählern in England und Wales durchführte, geben die 37 Befragten an, im Jahr der Befragung 2033 Schulveranstaltungen durchgeführt und damit 239 717 Kinder und Jugendliche erreicht zu haben. Eine Schulveranstaltung umfasst in der Regel 4 Unterrichtsstunden für 35 oder 70 Kinder. Vgl.: Ben Haggarty 2002.

5 Vgl. www.erzaehlen.de: Beitrag von Odile Néri-Kaiser.
In Berlin hat u.a. das Kulturamt Neukölln eine Initiative gestartet, in der in Berlin lebende Erzähler aus 14 verschiedenen Ländern Märchen aus ihrer Heimat erzählen und über weitere Erzählaktivitäten das Miteinander in diesem multikulturellen Stadtbezirk gestärkt wird. Vgl.: Neues aus Babylon. Eine Dokumentation. Hg. vom Verein zur Förderung der Bürgerstiftung Neukölln e.V.

6 Vgl. Wilson, 111.

7 Die Zeitschrift *Das Magazin* führt in einem Artikel über die gegenwärtige finanzielle Situation deutscher Künstler als künstlerische Berufe auf: Grafiker, Designer, Cutter, Kameraleute, Tontechniker, Bühnen- und Filmausstatter, Übersetzer, Publizisten, Schriftsteller, Musiker, Schauspieler, Fotografen. Erzähler werden nicht genannt (*Das Magazin* Februar 2008, 8).

8 Ben Haggarty in seiner Untersuchung - s. Anmerkung 4: Financial survival obliges these storytellers to work in wildly differing orders of narrative for an extraordinary diversity of audiences, in an astonishingly challenging range of different contextes. This is a very uncomfortable hand to mouth existence with modest financial rewards (Haggarty, 78).

9 Die Tradition in den USA sieht anders aus: Most typical it is the kind of storytelling to be found at most storytelling festivals or major events in the United States, where a storyteller performs a series of stories on a stage, usually with the aid of a microphone, to a sizeable audience of hundreds, if not thousands. The audience [...] will be expecting a show in which they will generally play the part of a passive audience (Wilson, 59).

10 Ausführlich in: Wardetzky 2007, 19.

11 In ‚Storytelling' und ‚Storyteller' - s. Anmerkung 1 - konstatiert Sabine Wienker-Piepho ebenfalls eine neue Mündlichkeit (new orality) und fokussiert dabei vor allem die Aktivitäten (internationaler) Forschungsgemeinschaften und -gesellschaften, die diesem Phänomen wissenschaftliche Konferenzen, Publikationen und Kongresse widmen.

12 Vgl. Schenda 1993.

13 Internationale Internet-Adressen von Erzählerorganisationen:
www.sfs.org.uk
website der Society for Storytelling (SFS), die primär Erzählen in England und Wales repräsentiert. Veröffentlicht Untersuchungen, Berichte und den vierteljährlichen Newsletter *Storytelling*.

www.storynet.org
website des National Storytelling Network (NSN) in den USA. Informiert über die großen National Storytelling Conferences, die jährlich im Juli stattfinden, und das National Storytelling Festival. NSN gibt das zweimonatige *Storytelling Magazine* heraus.
www.scottishstorytellingcentre.org.uk/
website des Scottish Storytelling Centre, listet alle einschlägigen Veranstaltungen auf.
www.australianstorytelling.org.au
website der Storytelling Guild in Australien. Die Gilde ist regional organisiert, die website informiert über die verschiedenen regionalen Aktivitäten. Beinhaltet auch eine Vielzahl kurzer Artikel und Interviews mit Erzählern.
http://storytelling.org.nz
website der New Zealand Guild of Storytelling, gibt einen Überblick über die Szene in Neuseeland.
www.sc-cc.com
Bilinguale website der Erzähler in Kanada. Die Vereinigung Storytellers of Canada gibt ein Vierteljahresjournal heraus, *Appleseed*, und einen Newsletter, *Le Racounteur*.
www.verbalartscentre.co.uk
Das Verbal Arts Centre in Derry, Nordirland, ist eines der aktivsten in der Wiederbelebung des Erzählens in Großbritannien. Das Zentrum beherbergt auch den Verein Storytellers of Ireland.
www.pjtss.net/ring/
website des sog. Storytelling Ring, in dem alle großen Storytelling-Organisationen zusammengeschlossen sind. Verlinkt z.Zt. 177 websites.
(Die Aufstellung geht zurück auf: Wilson, 210-213.).

14 In diesem Sinne sind auch die Bemühungen der Europäischen Märchengesellschaft, insbesondere die Grimmschen Märchen im Wortlaut zu erzählen, lebendig und mit Verve, nicht gering zu achten. In Deutschland haben sich über diese Märchen feste Vorstellungen davon herausgebildet, was ein Märchen sei - und diese gelten als Maßstab für das Publikum. Es ist immer wieder zu beobachten, dass gerade die Abständigkeit der Sprache dieser Märchen den Reiz an der Rezeption erhöht - auch bei Kindern, die sich an ungewohnten Wendungen weniger stören als von Erwachsenen angenommen.

15 Angestoßen u.a. durch die Rezeptionsästhetik wendet sich auch die Volkskunde zunehmend dieser Trias zu, also der Erforschung der Performanzsituation unter dem Motto: Weg vom Text, hin zum Kontext. Vgl. Bausinger, Spalte 344.

16 Vgl. Wardetzky 2007, 31.

17 Vgl. Kurzenberger, 222.

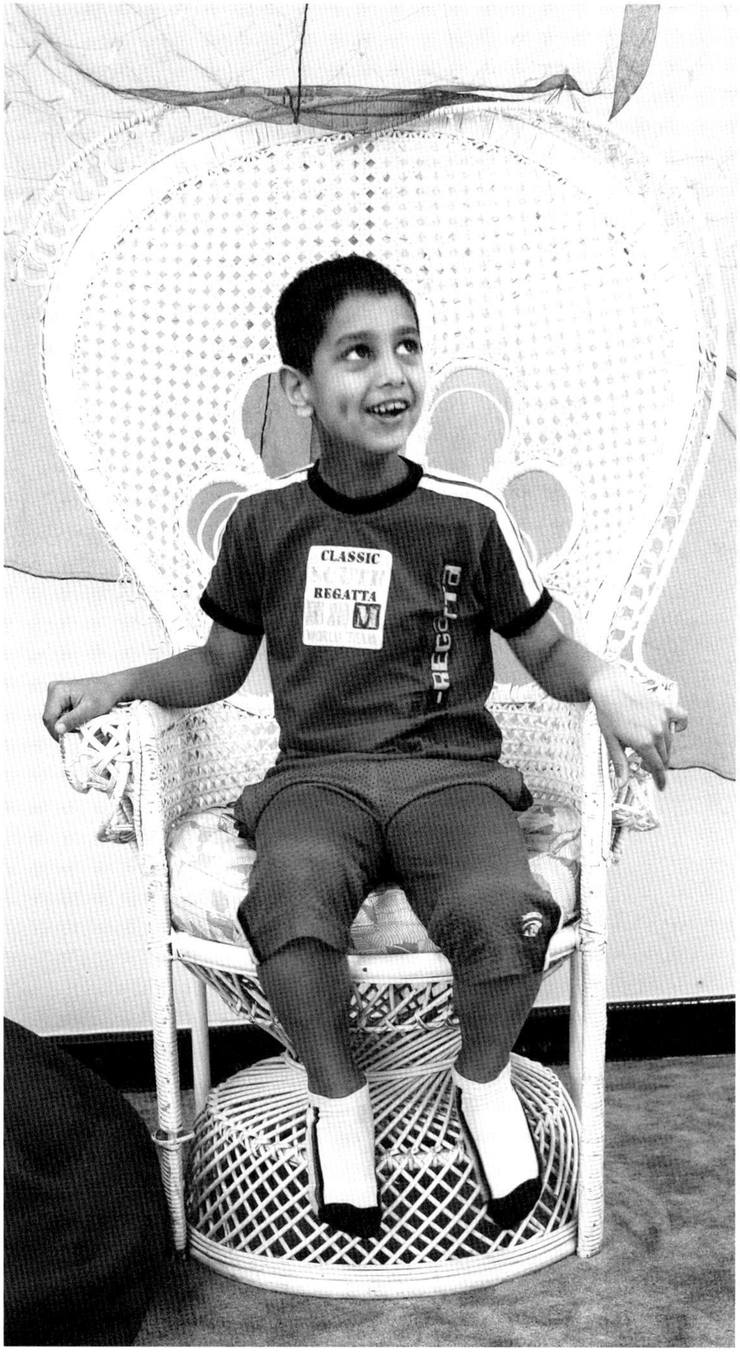

TEIL 2

SPRACHLOS?

EIN PROJEKT ZUR SPRACHFÖRDERUNG VON KINDERN MIT MIGRATIONSHINTERGRUND

21. September 2005: 27 Erstklässer stürmen in den Klassenraum, schubsen sich, fallen übereinander her, schreien, lachen, heulen – ein wahres Tohuwabohu. Die Lehrerin kommt zur Tür, spricht beschwichtigend auf die sie begleitende Erzählerin ein: „Also, höchstens 5 Minuten! Die können nicht länger zuhören, dann muss was anderes folgen!“

Die Erzählerin steht vor den Kindern, die unter den Blicken der Lehrerin auf ihre Plätze gehen, sich hinsetzen. Die Unruhe bleibt, jetzt ist sie in den Händen der Kinder – ein Bleistift, ein Radiergummi, die Federtasche; die Finger spielen, schnalzen, schnipsen, klopfen. Die Erzählerin wartet, nickt der Lehrerin, die sie kurz begrüßt, zu, wartet noch einen Moment und beginnt dann, mit ruhiger Stimme zu sprechen: „In einem weit, sehr weit entfernten Land“ –
„Türkei!“, „Arabien!“ schreien zwei Jungen –
„vielleicht in der Türkei“ –
„wohnt Opa!“ einer der Jungen –
„ich denke, noch weiter als in der Türkei oder Arabien, in einem Land, das so weit entfernt ist, dass die Sonne es am Morgen kaum findet“ –
„Mond?“ kommt es leise von einem Mädchen –
„da lebten einmal zwei Kinder. Die waren genauso alt wie ihr, fünf, sechs Jahre?“
– zustimmendes Nicken der Kinder, Kippeln mit den Stühlen, Wackeln, Herumrutschen, wieder kommt Unruhe auf,
„und diese beiden Kinder waren arm, ganz, ganz arm.“

Stille, kein Laut zu vernehmen. Die Kinder sitzen wie festgebannt.
„Und eines Morgens suchte die Mutter in allen Ecken des Hauses, ob sie noch eine Brotrinde fände. Aber nichts, so sehr sie auch suchte – kein Krümchen war zu finden ...“

Nun hat die Erzählerin die Kinder an der Angel. Die Kinder folgen mit den Augen jeder ihrer Bewegungen, formen mit den Lippen die Worte der Erzählerin nach, ducken sich, wenn der Sturm durch die Tür der Hütte hereinbricht, schmatzen zufrieden, wenn das Laub sich am Ende in Kuchen verwandelt und die armen Leute für immer genug zu essen haben. Und sie klatschen, nach 12 Minuten, und rufen: „Zugabe, Zugabe!“

So sah eine der ersten Begegnungen der Kinder mit unserem Projekt aus. Diese Momentaufnahme weist bereits auf zentrale Erfahrungsmomente hin, die später detailliert zu erläutern sind: die unerwartet lange Konzentrationsfähigkeit der Kinder beim Geschichtenhören, die Bedeutung des Begriffes ‚arm‘, der wie ein elektrisierendes Signal wirkt, das Verlangen nach Fortsetzung, wenn eine Geschichte beendet ist.

Das Konzept: Inhalt und Intentionen

Das Projekt geht auf Erfahrungen zurück, die die drei genannten Erzählerinnen Sabine Kolbe, Kerstin Otto und Marietta Rohrer-Ipekkaya während ihrer mehrjährigen Berufspraxis mit Kindern machten. Wurden von ihnen Märchen und Mythen erzählt (nicht zu verwechseln mit dem Vorlesen!), dann war zu erleben, wie Kinder höchst konzentriert erstaunlich lange zuhören – vor allem Kinder mit Migrationshintergrund, die in der deutschen Sprache nicht heimisch sind, sowie hyperaktive und sogenannte ‚verhaltensauffällige' Kinder und Kinder aus bildungsfernen Elternhäusern – und dies allein über die Macht des gesprochenen Wortes.

Das soziale Umfeld

Wir wählten für unser Projekt einen Stadtbezirk Berlins aus, in dem in vielen Schulen bis zu über 90 % ndH-Kinder, also Kinder nicht deutscher Herkunftssprache, lernen, die mit gravierenden Problemen im Bereich der Sprachkompetenz und des Sozialverhaltens zu kämpfen haben – den Berliner Wedding.

Die Projektschule, die Anna-Lindh-Grundschule, liegt im Afrikanischen Viertel des Wedding, einem der ärmsten Stadtbezirke Berlins.[1] Jeder 5. Einwohner (40 % davon sind Kinder unter 7 Jahren) lebt von Sozialhilfe, ein Großteil bereits in der 3. Generation. Beengter Wohnraum (eine Zweizimmerwohnung für eine fünfköpfige Familie) ist die Regel. Bildungsferne Elternhäuser dominieren. Etliche Eltern sind Analphabeten oder haben max. vier Jahre eine Schule besucht. Der Anteil der Eltern, die ihren Kindern die Schulbücher nicht selbst kaufen können, liegt bei 60 %.

Armut ist hier ein alltägliches Thema:

S. ist eines der 176 an unserem Projekt beteiligten Kinder – ein blasses dünnes Mädchen, das jeden Morgen zu spät kommt, weil ihre Mutter sie nicht weckt und sie sich morgens selbst versorgen muss. Auch an ihrem Geburtstag steht niemand mit ihr auf und überreicht ihr Geschenke. S. hat keinen Tuschkasten und keine Turnsachen, obwohl die Lehrerin schon viele Mitteilungen an ihre Mutter geschrieben hat. Frühstücksmilch und Mittagessen sind für sie nicht bezahlt, aber S. hat sich Strategien erarbeitet, um auf halblegalem Wege dennoch an das für sie Nötigste zu kommen. Und das ist ihr auch lieber als die Scham, die sie empfindet, wenn eine Lehrerin auf ihre Mängel aufmerksam wird. Bei ihr zu Hause gibt es Geschichten höchstens aus dem Fernsehen. Zweimal in ihrem Leben war sie schon in einem Kino, mit einer Frau vom Jugendamt, die sie manchmal besucht. „Die ist auch in deutsch", sagt S. „Aber ich bin nicht Deutschland. Ich bin Bosnien."

Die Praxis des Erzählens war anfangs den Schülern, auch denen ohne Migrationshintergrund, weitgehend unbekannt. Das Fernsehen als omnipräsenter Familienunterhalter bestimmt zu einem Großteil ihren Familienalltag. Märchen- oder Kinderbücher sind in den Haushalten kaum oder gar nicht vorhanden.

M. (Bosnien)[2] antwortet auf die Frage, ob er zu Hause auch Märchenbücher habe: „Nein, aber ich war krank, da hab' ich ein Buch von Doktor gekriegt. Da les' ich oft drin. Da steht von Hals. Dass man immer trinken muss und Hand vor Mund."
Auf die Frage, ob ihm zu Hause Geschichten erzählt würden, antwortet J. (Madagaskar): „Das macht meine Mutter nicht. Weil sie immer telefoniert, am Computer sitzt, und dann ist es dunkel, und dann sind wir im Bett. Manchmal verspricht sie es, aber dann vergisst sie es wieder."

Auf die gleiche Frage antworten andere Kinder: „Meine Mama und Papa macht das nicht. Meine Mama geht an Computer und spielt so. Sie geht ans Telefon – 660060. Dann ist Carsten dran, mein Papa, und erzählt von dem Spiel. Da kann man kämpfen. Finde ich langweilig. Meine Mama erzählt nie Geschichten."

D. (Türkei): „Nein." „Hast du Märchenbücher?" „Ja. Mickey Mouse." „Und Märchenfilme?" „An Silvester hat mir meine Mutter ‚Herr der Ringe' angemacht."

O. (Türkei): „Nein. Aber ich mach jetzt immer mit meine Mama. Ich erzähl ihr."

M. (Kroatien): „Nein. Wir haben Fernseher im Zimmer, der ist nicht immer Farbe, manchmal geht Farbe weg. Wir schlafen ein bei Fernseher." „Und ziehst du dich nicht vorher aus?" „Nein, hab Hose an. Mama wäscht Hose. Hab keinen Schlafanzug." „Und was siehst du im Fernsehen am liebsten?" „Piraten, mit Pistolen."

Fragen in Bezug auf die Freizeitgestaltung der Kinder machen deutlich, dass sie – wie auch ihre Eltern – ihre Freizeit überwiegend mit Fernsehen und am Computer verbringen. Häufig können die Sechs- bis Siebenjährigen am Montagmorgen den *Tatort* vom Vorabend erzählen. Und fragen die Erzählerinnen nach dem schönsten Erlebnis am Wochenende, so rangieren Fernsehen, Gameboy und Playstation in der Regel auf den obersten Plätzen.

In diesem Umfeld, in dem auch die Grundschulen mit gravierenden sozialen, kulturellen, religiösen und ethnischen Problemen zu kämpfen haben, siedelten wir unser Projekt an.

SprachBabel

Die Muttersprache der in das Projekt einbezogenen Kinder: türkisch, arabisch, serbo-kroatisch, bosnisch, russisch, polnisch, georgisch, tschetschenisch, bengalisch, chinesisch, englisch, französisch, spanisch, Hindi ... 80 % von ihnen wurde zu Schulbeginn eine schlechte bis ungenügende Beherrschung der deutschen Sprache bescheinigt.

Die Muttersprache bleibt für diese Kinder alltägliches familiäres Kommunikationsmittel, nicht mehr. Ein Teil der Kinder beherrscht jedoch auch diese nur lückenhaft. Das erschwert ihre Bemühungen, zuhause von dem zu berichten, was sie in der Schule erlebten oder Bitten bzw. Ermahnungen der Lehrer adäquat an ihre Eltern weiterzugeben.

Die Bindung der Sprache an die Herkunfts-Kultur ihrer Eltern oder Großeltern ist weitestgehend aufgelöst. In der Regel haben die Kinder zwar ein klares Bewusstsein für ihre nicht-deutsche Identität, der Bezug zu ihrem Herkunftsland bleibt jedoch unkonkret und vage.

V. (Ex-Jugoslawien): „Wo kommen deine Eltern her?" „Jugoslawien." „Wo aus Jugoslawien?" „Jugoslawien." „Na ja, welche Stadt, welches Dorf?" „Weiß nicht." „Warst du schon mal dort?" „Ja, Ferien." „Und wie heißt der Ort, wo du warst?" „Weiß nicht. Dort, wo Hunde und Hühner sind."

Das Deutsche erlernen die Kinder mit Migrationshintergrund in zweifacher Form, als Hochsprache im Unterricht und als Soziolekt im Alltag, der den Umgang mit dem Hochdeutschen überlagert bzw. verdrängt. Zudem erlernt ein nicht unerheblicher Teil dieser Kinder eine weitere Sprache, nämlich das Hocharabisch in den Koranschulen, in denen ein äußerst strenges Reglement herrscht.

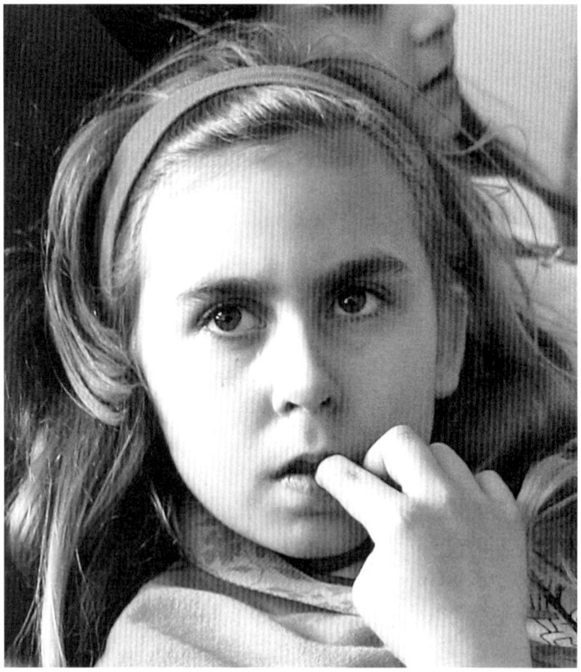
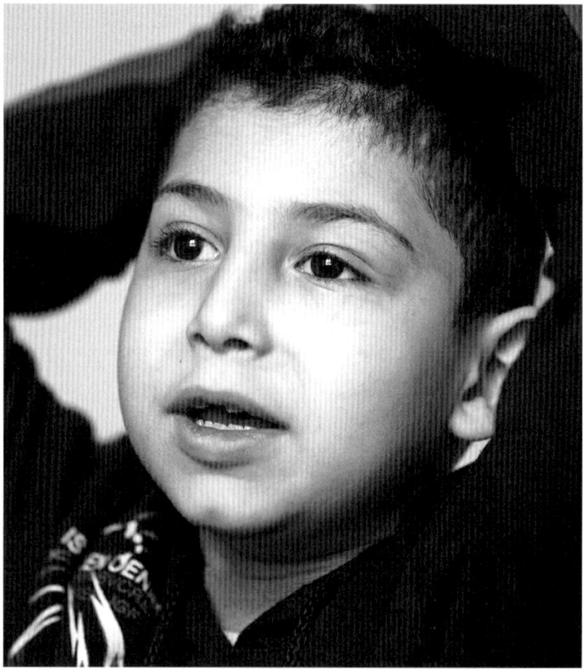

Das heißt, die Kinder bewegen sich zum Teil in vier verschiedenen Sprachen. Diese Verwirrung macht sie in vielen Situationen tatsächlich ‚sprachlos', d.h. hilflos, und sie verhindert vielfach, verbal situationsadäquat zu reagieren. Dies führt – vermutlich – nicht selten zu körperlichen Ersatzhandlungen, die diese Hilflosigkeit kompensieren. Deshalb ist die Arbeit an der deutschen Sprache eine zentrale Voraussetzung gelingender Integration.

Die Kinder müssen eine Fährte in diesem SprachBabel finden, auf der sie sich vernunft- und emotionsgeleitet sicher bewegen können. Nur so kann es gelingen, sie in den Stand zu versetzen, später am wirtschaftlichen, kulturellen und politischen Leben aktiv und selbstbestimmt teilzunehmen.

Über Sprache gewinnen wir Zugänge zur Welt, zum anderen, zum eigenen Ich. Denken vollzieht sich sprachgeleitet. Die Ordnungs- und Analyseinstrumentarien, mit denen wir in die Welt eindringen, werden über die Sprache repräsentiert. Nicht minder bedeutsam ist in diesem logozentrierten Repräsentationssystem, dass es unauflöslich mit sinnlich-emotionaler Weltaneignung verknüpft ist. Sprache ist nicht reduzierbar auf Rationalität. Sprache repräsentiert immer auch Empfindungsqualitäten. In der Sprache formulieren wir unsere affektiven und wertenden Beziehungen zur Welt. Wir machen sie kommunizierbar über die Sprache, lösen uns damit aus der Ego-Zentrierung und öffnen uns für den Dialog. Der Mensch als dialogisches Wesen bedarf der Sprache, und zwar der Sprache in der Vielfalt ihrer Ausdrucksqualitäten.

Von dieser Grundannahme ausgehend, bestimmten wir unser Projekt als ein dezidiert sprachgeleitetes. Das Eindringen in die deutsche Sprache und der Umgang mit ihr steht in dessen Mittelpunkt. Dies scheint für den Unterricht im Allgemeinen als eine Selbstverständlichkeit. Unser Projekt unterscheidet sich insofern von anderen didaktischen Verfahren, als es zum einen nicht an dem defizitären Sprachniveau der in das Projekt einbezogenen Schüler ansetzt, sondern eine poetische, vom Alltagsidiom unterschiedene Sprache behauptet. Zum anderen vermittelt es Sprache nicht abstrakt-begrifflich/grammatikalisch/orthografisch, sondern in aufrüttelnden, spannungsgeladenen Geschichten. Die Kinder erleben in unserem Projekt Sprache primär in ihrer emotional sinnlichen Qualität, und eben dies erweist sich als wirkungsvolles Instrument der ‚Verführung' zum Zuhören und zum aktiven Sprachgebrauch. Der Spracherwerb – um es vorwegzunehmen – vollzieht sich hier in einem Prozess mit hoher emotionaler Anteilnahme. Vor allem Letzteres mag ausschlaggebend für die Effizienz dieses Verfahrens gewesen sein.

Die Direktorin der Anna-Lindh-Schule, Renate Preibusch-Harder, meinte zu Beginn des Projektes:

> Trotz intensiver schulischer Förderung im Bereich der deutschen Sprache sind die Fortschritte der Kinder keineswegs zufriedenstellend. Der DaZ-Unterricht (Deutsch als Zweitsprache) scheint die Sprachprobleme der meisten Kinder nicht aufzulösen, nicht auflösen zu können, zumindest nicht bei den Lernanfängern, die noch am Anfang ihrer schulischen Sozialisierung in einer deutschen Schule stehen. Nach unseren Beobachtungen zeigen viele unserer Schülerinnen und Schüler Probleme bei der auditiven Wahrnehmung. Sie scheinen nicht zuzuhören, nehmen Gesagtes, das nicht noch zusätzlich visualisiert wird, anscheinend überhaupt nicht wahr, geschweige denn auf. Dieses Problem scheint seinen Ursprung aber nicht in den Defiziten beim Gebrauch der deutschen Sprache zu haben, sondern vielmehr an dem hohen Konsum visueller Medien zu liegen. Die auditive Wahrnehmung des größten Teils unserer Lernanfänger ist nicht im für den Schulerfolg notwendigen Maße geschult. Da die Lernanfänger aber noch so jung sind, dass sie relativ schnell eine fremde Sprache erlernen können, muss bei ihnen mit anderen Methoden angesetzt werden, die zum einen nicht kulturell einseitig festgelegt

sind, wie es das schulische Lernen ist, und zum anderen die auditive Wahrnehmung als lustvoller erleben lassen als die visuelle Wahrnehmung am Bildschirm. Es geht darum, durch professionelles Erzählen Bilder im Kopf der Kinder entstehen zu lassen, die sie mit Worten verknüpfen. In allen Kulturen der Welt hat das Erzählen eine lange Tradition und einen hohen Stellenwert. Das Erzählen erreicht unsere Schüler, ganz gleich, welchen kulturellen Hintergrund sie haben.

Märchen als stoffliche Grundlage des Projektes

Rotkäppchen war meine erste Liebe. Hätte ich Rotkäppchen heiraten können, wäre mir vollkommenes Glück zuteil geworden.
Charles Dickens

Die Märchen dienen ebenso der Mathematik, wie diese den Märchen dient. Sie dienen der Poesie, der Musik, der Literatur, dem politischen Engagement, kurzum, dem ganzen Menschen ... Sie sind eben deshalb nützlich, weil sie dem Anschein nach nutzlos sind.
Gianni Rodari

Die Geschichten, mit denen die drei Erzählerinnen im Projekt arbeiteten, kommen aus internationalen Märchen- und Mythensammlungen, vorwiegend aus jenen Kulturen, aus denen die Eltern bzw. Großeltern der Kinder stammen.

Der Umgang mit Märchen im Unterricht ist nicht unumstritten. Die ideologiekritischen Positionen aus den 70er Jahren der Bundesrepublik wirken noch heute nach. So entzünden sich nach wie vor heftige Diskussionen an der Grausamkeit der Märchen, an deren patriarchalem Rollenverständnis, an den Weiblichkeitsstereotypen und moralischen Wertvorstellungen wie Gehorsam, Demut, Selbstaufopferung und an dessen Happy End. Das Märchen galt vielen in den 70ern als Skandalon im kinderliterarischen Bereich.

Die damit verbundenen Kontroversen sind ebenso zählebig wie vereinseitigend. Gegen all die gebetsmühlenartig vorgebrachten Vorbehalte kann eine Fülle von Märchen zitiert werden, die diese Einwände auf Anhieb entkräften. Aber eine generelle Korrektur dieser fragwürdigen Positionen lässt nach wie vor auf sich warten. Selbst Bruno Bettelheims psychoanalytische Verteidigung des Märchens *Kinder brauchen Märchen* – einem Bestseller Ende der 70er, Anfang der 80er Jahre, dem eine Flut ähnlicher Interpretationsansätze gefolgt ist –, hat nicht gänzlich zur Rehabilitation des Märchens als entwicklungsfördernde Kinderliteratur beitragen können.

Unsere Entscheidung für das Märchen ist mehrfach begründet. Sie stützt sich auf zwei umfangreiche empirische Studien,[3] die den Nachweis erbrachten, dass Kinder, in deren Elternhäusern das Vorlesen und Erzählen von Märchen zum familiären Selbstverständnis gehört, über erheblich bessere Sprach- und Erzählkompetenz verfügen als Kinder, denen diese Art literarischer Sozialisation verschlossen blieb. Die ‚märchengewohnten' Kinder eignen sich ein implizites Wissen über die Standardmuster, nach denen Märchen gebaut sind, und einen poetisch fundierten Wortschatz an, den sie – wie die Studien zeigen – in

ihrer Umgangssprache nicht verwenden, der ihnen aber beim freien Erzählen von Märchen zur Verfügung steht. Sie erfinden kohärente, bildkräftige Geschichten und flechten in ihre Erzählungen ganz selbstverständlich Wendungen und Formulierungen ein, die sich wie Glanzlichter im prosaischen Sprachgebrauch ausnehmen. Mühevolles Ringen um solche sprachlichen Kostbarkeiten ist kaum zu spüren, eher die Freude am Gelingen besonders prägnanter, ungewöhnlicher sprachlicher Konstruktionen. Es scheint, als wäre für diese Kinder die Welt des Märchens nur zugänglich über eine eigene Sprache, in der andere Gesetze gelten als im Alltag. Die Schwelle in die ‚Anderswelt' des Märchens wird für sie auch markiert über den Eintritt in eine andere Sprachwelt.

Ein solch ungezwungener, unbewusst verlaufender ‚Konditionierungsprozess' bleibt Kindern verschlossen, wenn sie kontinuierliche (!) Erfahrungen mit dem vorgelesenen oder erzählten Märchen nicht machen. Ihre Sprache wie auch ihre Phantasie bleibt ärmer, ausdrucksloser, flacher.

Eben dies ist eines der Hauptargumente, das unsere Entscheidung für das Märchen stützt und durch unser Projekt eindrücklich bestätigt wird.

Wiederholung und Variation

Volksmärchen sind zu einem Großteil von überschaubarer Länge und überschaubarer Personage und bieten den Hörern klare Identifikationsfiguren an. Was sie darüber hinaus für unser Projekt besonders empfiehlt, ist ihr dem Sukzessionsprinzip folgender Aufbau: Exposition, auslösendes Moment, Verwicklung, Höhepunkt, mitunter retardierendes Moment, Lösung, (meist) Happy End. Dieses universelle Schema weist durch seine Einfachheit eine nach Unendlich gehende Variabilität auf. Es ist ein ‚Muster der Einfachheit' (Lypp). Es überfordert Kinder nicht durch Komplexität, ist eingängig wie Reim und Rhythmus früher Kinderlieder und – wie diese – schnell wiedererkennbar. Jedes Märchen kann zur Variation eines bereits bekannten, rasch verinnerlichten Schemas werden, und das Wiedererkennen von Bekanntem im Unbekannten ist – folgt man Aristoteles – eine Quelle des ästhetischen Genusses. Das Märchen kann zu einem geistigen Spiel werden, dessen Regeln Kinder rasch durchschauen und beherrschen und dessen Beherrschung sie zunehmend auch genießen. Kinder werden, wenn sie häufig Märchen hören, geradezu Experten im kreativen Gebrauch dieses Schemas, wie die oben genannten Studien und unser Projekt belegen.

Für die an unserem Projekt beteiligten Kinder erwies sich die invariante Struktur des (Zauber)Märchens als eine Art *cognitive map*, die es ihnen erleichterte, sich durch unbekanntes Terrain zu bewegen oder wieder zurückzufinden in die Geschichte, wenn sie kurzzeitig durch Verständnisschwierigkeiten oder Unaufmerksamkeit ausgestiegen sind. Tut sich da eine Lücke auf, so ist es ihnen nach relativ kurzer Zeit möglich, den Faden wiederzufinden. Sie kommen rasch in die Geschichte zurück – ein enormer Vorteil für diese Kinder. Partielles Misslingen im Verständnis oder partielle Unkonzentriertheit bedeuten nicht den gänzlichen Abbruch des Dialogs mit der Erzählerin. Sie können wieder einsteigen und Lücken selbstständig schließen.

Die Suche nach Abenteuern

Volksmärchen entfalten in der Regel ein höchst abenteuerliches Geschehen – insbesondere die Zaubermärchen und die sogenannten Kindermärchen[4] (Prototyp *Hänsel und Gretel*). In den weltweit verbreiteten Varianten befriedigen sie die Lust am grandiosen Abenteuer, in dem es um Leben und Tod geht. Sie laden ein zu einer Reise in eine Anderswelt voller Geheimnisse, ungewöhnlicher Überraschungen und

Magie. In dieser Welt geht es nicht um kleine Kümmernisse, die im Nu erfolgreich weggekuschelt werden können. Märchen gehen aufs Ganze. Sie gehen bis zum Abgrund. Die Dramaturgie des Märchens spannt den Bogen bis zum Letzten. Der Tod liegt um Haaresbreite vom Leben entfernt. (Fast) immer aber wird – in letzter Sekunde – der Knoten glücklich aufgelöst. Das Märchen liebt die Extreme und das Auskosten der letzten Frist. Das Geschehen im Märchen ist niemals banal, sondern voller Leid und Not, aber umgekehrt prall gefüllt mit Glück. Es schickt die Helden stets dorthin, wo der Wald am dunkelsten ist, und dass dort ein Dämon wartet, dessen Überwindung die letzte Anstrengung verlangt, ist obligatorisch. Das Glück wartet dort, wo die Abgründe am tiefsten sind. Der Weg dorthin ist nicht asphaltiert und gerade. Er führt durch die Schlucht des Entsetzens und fordert den letzten Einsatz. Sein Reiz ergibt sich aus seiner scharfen, expressiven Dynamik.

Wenn man Kinder während der Märchenrezeption beobachtet, dann wird deutlich, dass sie eben solche Zerreißproben erwarten. Mit Bagatellen kann man sie nicht lange unterhalten.

Der Gewinn, den sie aus dem Märchen beziehen, besteht darin, dass sie sich darin n i c h t als gewalttätige, revanchesüchtige Überhelden feiern, sondern vielmehr existenzielle Konflikte in Extremsituationen durchspielen und damit verbundene Ängste und Triumphe ungeschmälert ausleben können.

Lustangst – ein Oxymoron

Das Märchen löst die Phantasie aus den Fesseln der Realität und befriedigt eine der Primärmotivationen der naiven Beschäftigung mit Literatur – das Bedürfnis nach Evasion. Diese Evasion ist jedoch paradoxal. Die Flucht aus der Wirklichkeit ist eine Voraussetzung, ihr – unbewusst oder bewusst – auf ihre verdeckten Spuren zu kommen. Was im Zauber- und im Kindermärchen thematisiert wird, sind Widerspruchspaare, die zentrale Konfliktkonstellationen kindlicher Sozialisation offenbaren:

- die Angst vor dem Verlust der Eltern bzw. ihrer unbedingten Liebe, und gleichzeitig die Lust, der Wut auf die Eltern freien Lauf zu lassen und sich – in der Phantasie – von ihnen zu lösen und selbstbestimmt handeln zu können,
- die Angst vor dem eigenen Versagen bzw. der eigenen Ohnmacht, und gleichzeitig die Lust, es mit übermächtigen Gegnern aufzunehmen und sie zu besiegen, also die Lust am Spiel mit Omnipotenzphantasien,
- die Angst vor der Bedrohung durch Fremde oder Fremdes und gleichzeitig die Lust, Unbekanntem, (noch) unzugänglichen Welten zu begegnen,
- die unbewusste Angst vor dem sexuellen Begehren und die unbewusste Lust am Spiel mit erotisch aufgeladenen Bildern.

Diese widersprüchlichen psychischen Korrelate, die durch die Bilder des Märchens wachgerufen werden, sind keinem Gefühlschaos vergleichbar. Im Gegenteil. Der Wert der Märchenrezeption liegt u.a. auch darin, emotionale Erfahrungen zu strukturieren. Es hilft beim Erwerb emotionaler Schemata. Das Chaos der Empfindungen und Affekte erhält Struktur und verliert damit seine Abgründigkeit und sein Verunsicherungspotenzial. Es überschwemmt, überwältigt nicht. Hierin mag auch die Erklärung für das vielfach mitgeteilte Phänomen liegen, dass Kinder in bestimmten Lebensphasen bestimmte Märchen wieder und wieder hören wollen. Sie provozieren damit freiwillig (!) extreme Ängste, spielen sie wieder und wieder auf imaginärer Ebene durch und können sie damit aushalten lernen. Über die permanente Wiederholung festigt sich die Überzeugung von der Überwindbarkeit solcher Ängste, und sie vermittelt das Gefühl der eigenen Stärke und Kompetenz – ein unverzichtbarer Aspekt beim Aufbau eines gesicherten Selbstkonzeptes.

Erzählen oder Vorlesen?

Märchenrezeption erfolgt heute in der Regel medial vermittelt – über Video/DVD, CD, Kassette. Die Bedeutung des Buches als Medium zur Aneignung von Märchen ist im Schwinden begriffen. Das lebendige Erzählen von Märchen gehört beinahe gänzlich der Vergangenheit an.

Kinder kennen den Menschen als physisch präsenten Vermittler von Märchen eventuell noch über das Vorlesen. Beim Vorlesen und Erzählen können die Kinder eine Erfahrung machen, die auch durch die raffiniertesten Erfindungen der digitalen Medien nicht einzuholen ist: die Begegnung mit einem lebendigen Gegenüber, mit einem Menschen, dessen Atem, dessen Begeisterung und Anstrengung man spürt, den man unterbrechen und befragen kann. Der lebendig gegenwärtige Mensch als Vermittler von Märchen (und Literatur im Allgemeinen) braucht die Konkurrenz der Medien nicht zu fürchten. Im Gegenteil, er profitiert von ihnen, da diese nicht im Stande sind, etwas zu befriedigen, das Hartmut von Hentig treffend als ‚Hunger nach Person' beschreibt. Die Sehnsucht nach einem lebendigen Gegenüber bleibt in der Medienwelt vielfach ungestillt. Charlotte Rouchemont, eine erfahrene Märchenerzählerin, fragte Kinder nach einer Erzählveranstaltung, ob ihnen die Geschichten nicht besser gefallen, wenn sie diese über Kassette hören. Darauf ein Mädchen: „Ja, schon, aber die Kassette hat keinen Schoß!"

Der Mensch als Vermittler imaginärer Welten bleibt unersetzbar.

Kindern, die es mit der deutschen Sprache schwer haben, eröffnet sich in diesem dialogischen Raum ein Zugang zu Geschichten jenseits des gesprochenen Wortes. Wird eine Geschichte gut vorgelesen oder erzählt, dann erscheinen ihre Wörter eingebettet in ein dichtes Netz von sinnlich Wahrnehmbarem, das dem Zuhörer kaum bewusst wird, aber dennoch für den Aufbau des Verständnisses der Geschichte konstitutiv ist: Die Vibration der Stimme, ihre Tonhöhe, ihr von Mensch zu Mensch unterschiedliches Timbre, die Modulation des Tempos, der Lautstärke, des Ausdrucks, der Satzmelodie, dazu die vielgestaltigen Möglichkeiten der ‚beredten' Mimik, der Gestik, der Körperhaltung – all das erzählt mitunter mehr und anderes als die Worte sagen. Da diese Mittel beim Erzählen stärker zum Tragen kommen als beim Vorlesen, ist es Letzterem noch immer überlegen, auch wenn das Vorlesen eine nicht zu unterschätzende Möglichkeit der literarischen Kommunikation darstellt. Erzähler aktivieren – spontan oder wohlkalkuliert – alle Möglichkeiten ihres expressiven Repertoires und machen sich damit verständlich, auch wenn dem Zuhörer einzelne Formulierungen unverständlich bleiben. Dies, so unsere Erfahrung, macht die Bedeutung des Erzählens in der multikulturellen Schulpraxis aus: Es hält eine Verständigungsebene bereit, der auch nichtmuttersprachliche Kinder zu folgen vermögen, und zwar genussvoll und konzentriert.

Im Erzählen kommt ein Weiteres hinzu, das beim Vorlesen nur eingeschränkt seine Wirkung entfalten kann: der Blickkontakt und die Möglichkeit, sensibel und spontan auf situative Reaktionen der Kinder einzugehen. Über die Augen – und zunächst nur über sie – wird eine Primärkonstante gelingenden Erzählens garantiert: der Kontakt. Mit den Augen holt der Erzähler die Zuhörer zu sich, über die Augen lässt er sie an der von ihm geschaffenen Welt des Abenteuers teilhaben, nein: gemeinsam mit den Zuhörern lässt er diese Welt entstehen.

Umgekehrt bleiben dem Erzähler über den Blickkontakt die Reaktionen der Zuhörer nicht verborgen. Er kann sie aufnehmen, auf sie ganz unmittelbar reagieren, sie zum Bestandteil seiner Erzählung machen, da er frei ist im Text, ihn nicht, wie beim Vorlesen, unter- oder abbrechen muss, um auf die Zuhörer direkt einzugehen. Solche situative Flexibilität setzt allerdings ein hohes Maß an Professionalität, also umfangreiche Erfahrungen im Erzählen voraus.

Den Kindern sollte in unserem Projekt nicht nur über das Zuhören der Weg zur deutschen Sprache und zu internationalen Märchen gebahnt werden. Sie selbst sollten erzählen lernen, und zwar in einer am Literarischen orientierten Sprache – ein geradezu vermessenes Unterfangen in dem Umfeld, in dem das Projekt angesiedelt ist. Wir vertrauten dabei der Erfahrung, dass kindliches Lernen zu einem Gutteil über Nachahmung erfolgt. Durch die wiederholte Begegnung mit den Erzählerinnen sehen, hören und verinnerlichen sie, wie Erzählen ‚funktioniert'. Sie eignen sich in einem latent verlaufenden Lernprozess (körper-)sprachliche Strategien des Erzählens an, die ihnen allmählich selbst zum aktiven Gebrauch zur Verfügung stehen können.

Die Erzählerinnen waren sich darin einig, ihre Sprache nicht zu reduzieren, nicht abzuschleifen und dem Niveau des Alltagsidioms anzupassen, sondern bewusst die Distanz dazu zu behaupten und damit zur Nachahmung anzuregen. Wir wollten überprüfen, ob der dezidiert poetische Sprachgebrauch mimetische Prozesse in Gang setzen kann oder ob er als etwas Hermetisches, Unzugängliches Barrieren des Verständnisses aufbaut und die Lust am eigenen Erzählen eher blockiert als stimuliert. Mit anderen Worten, wir wollten überprüfen, ob die Kinder durch das Vorbild der Erzählerinnen befähigt werden, die Schwelle ins Reich des Fiktiven auch über den Gebrauch einer Sprache zu suchen, die die Distanz zur Umgangssprache behauptet. Inwiefern sich dieses Wagnis gelohnt hat, wird später ausführlich dargestellt.

Rahmenbedingungen und Anlage des Projektes

Die Konzeptentwicklung und die Leitung des Projektes lag in den Händen von Kristin Wardetzky, bis 2007 Professorin an der UdK Berlin, Institut für Theaterpädagogik.

Einen entscheidenden Anteil am Zustandekommen des Projektes hatte Marie-Agnes von Stechow, die sich in bürgerschaftlichem Engagement um das Einwerben von Drittmitteln für die Bezahlung der freiberuflichen Erzählerinnen bemühte. Nach erfolglosen Anfragen bei insgesamt 26 Stiftungen waren die Deutsche Bank Stiftung (sie übernahm den Hauptteil der Förderung), die Volkswagen AG, die LBS Nord und Innerwheel Berlin-Mitte bereit, das Projekt finanziell zu tragen.

Die Universität der Künste Berlin (UdK) übernahm die Finanzierung der dokumentarischen Begleitung des Projektes durch zwei Absolventen des Instituts für Theaterpädagogik der UdK, Felix Strasser (2005/06) und Christiane Weigel (2006/07).

Die Kommission für künstlerische und wissenschaftliche Vorhaben der UdK stellte einen Druckkostenzuschuss für die Publizierung der Dokumentation zur Verfügung.

Außer dem Einwerben von Drittmitteln übernahm es Frau von Stechow, eine Reihe prominenter

Politiker, Wissenschaftler und Künstler anzuschreiben und sie um ideelle Unterstützung des Projektes zu bitten. Die Erwiderungen waren überwältigend: Zustimmung und Ermutigung in mitunter langen, exzellent begründeten Erörterungen.

Hier ein kleiner Ausschnitt aus den Briefen, die uns in der Vorbereitungsphase erreichten:

Bundespräsident a. D. Richard von Weizsäcker: „[...] ein beeindruckendes Projekt [...]. Ohne das Erlernen der deutschen Sprache gibt es keine Integration für die Kinder der Einwanderer."

Prof. Dr. Klaus Ring, langjähriger Präsident der ‚Stiftung Lesen': „Ich kann Ihnen zu Ihrem Projektkonzept nur gratulieren und tue dies ohne jede Einschränkung. Das betrifft nicht nur die inhaltlichen Aspekte und Ihre methodisch-didaktischen Ansätze, sondern auch die Wahl der Partner – in der Schule selbst wie auch in der Universität der Künste (was ich besonders interessant finde)."

Prof. Hartmut von Hentig: „Dass Ihre Gedanken zur Bedeutung des Erzählens in der Menschenbildung richtig und wichtig sind, können nur Esel bestreiten. Alle großen Pädagogen, auch alle Menschenfreunde und Aufklärer, haben sich der Erzählung und deren Wiedergabe als Mittel der geistigen Ordnung und seelischen Bereicherung bedient."

Prof. Edith Clever, Schauspielerin: „Was für eine großartige Idee – was für ein sinnvolles Projekt! Eine echte Möglichkeit, die Neugier der Kinder, ihre Phantasie und ihr ganzes Wesen anzusprechen und damit innigst zusammenhängend die Kunst an der Äußerung, ihre Sprachentwicklung zu fördern."

Günter de Bruyn, Schriftsteller: „Da das Erlernen der deutschen Sprache Voraussetzung späterer Integration ist, scheint mir das Vorhaben der Anna-Lindh-Schule, Migrantenkindern der ersten beiden Schuljahre durch das Projekt den Spracherwerb zu erleichtern, viel versprechend [...]. Weiß man doch von sich selbst oder von seinen Kindern, wie stark das Hören von Märchen und Geschichten sprachlich bildet [...]."

Prof. Dr. Karin von Welck: „Ich bin beeindruckt von dem innovativen Ansatz, der mit Ihrem Projekt verbunden ist, zumal ich mir vorstellen kann, dass der Modellversuch sehr geeignet ist, die Lesemotivation der Kinder zu fördern. Insbesondere die Idee, den Kindern auch Märchen aus ihrem eigenen Kulturkreis zu vermitteln und so ihre Identität zu stärken, finde ich überzeugend."

Dr. Michael Naumann, Herausgeber der Wochenzeitung *Die Zeit*: „Ihr Projekt zur Sprachförderung von Migrantenkindern ist ebenso notwendig wie in seiner Planung überzeugend [...], von dem Glück, das es den Kindern bereitet, ganz zu schweigen."

Prof. Dr. Gesine Schwan, Präsidentin der Europa-Universität Viadrina: „Das Projekt [...] scheint mir ein neuer Ansatz zur Sprach- und Kulturvermittlung zu sein, der sich aber auf jahrhundertealte Traditionen bezieht, die in der Gesellschaft verloren gegangen sind und von den Familien nicht mehr wahrgenommen werden [...]. Ein Erfolg dieses Modellversuches würde sicher zur Nachahmung anregen und damit Nachhaltigkeit gewährleisten."

Prof. Dr. Kaspar H. Spinner, Lehrstuhl für Didaktik der deutschen Sprache und Literatur an der Universität Augsburg: „Einmalig ist die enge Verzahnung von praktischer Arbeit, Maßnahmen der Weiterbildung und wissenschaftlicher Begleitung auf einer fächerübergreifenden Grundlage. Aus Sicht der Schulpädagogik, der Kunstpädagogik und der Deutschdidaktik ist der sorgfältig und überzeugend geplante Berliner Modellversuch von höchstem Interesse."

Kara Huber: „Seit drei Jahrzehnten bemühe ich mich, mit freiem Erzählen [...] die sprachlichen Möglichkeiten der Kinder zu erweitern [...]. Ich unterstütze die Initiative nach Kräften und bin bereit, als Patin das Meine dazu beizutragen."

Das Projekt war ausgelegt auf zwei Schuljahre. Es begann mit einer Erprobungsphase im September 2005 in zwei Klassen der Eingangsstufe. Die Kinder waren – entsprechend den Einschulungsbedingungen in Berlin – zu Beginn des Projektes z.T. noch keine sechs Jahre alt. Im März 2006 kamen zwei weitere 1. Klassen hinzu, im darauf folgenden Schuljahr 2006/07 zwei 5. Klassen, in denen Schüler mit extremen Sprachdefiziten gesondert unterrichtet wurden, im Februar 2007 auf den dringenden Wunsch einer Lehrerin eine neue 1. Klasse. Insgesamt waren 176 Schüler in das Projekt einbezogen. Eine vom Lehrpersonal erbetene Ausweitung des Projektes auf weitere Klassen war aus finanziellen Gründen nicht möglich.

In den Projektklassen wurden zwei-, später einmal pro Woche im Rahmen des Unterrichts internationale Märchen erzählt. Dieser zeitliche Umfang schien uns notwendig, um ein Gegengewicht gegenüber dem (oft) exzessiven Fernsehkonsum der Kinder zu schaffen.

Im März 2006 gab Kristin Wardetzky für acht Lehrerinnen und Lehrer der Anna-Lindh-Schule einen Wochenendworkshop zum Erzählen. Eine der daran beteiligten Lehrerinnen, Andrea Orthen-Richter, besuchte im darauffolgenden Sommersemester an der UdK das Praxisseminar von Kristin Wardetzky zum Erzählen. Es war vorgesehen, sie in der Anna-Lindh-Schule mit einem bestimmten Stundendeputat als Erzählerin einzusetzen. Die personalen Engpässe ließen dies bis heute jedoch nicht zu.

Dokumentarische Begleitung

Zu Beginn des Projektes nahmen alle Schüler an einem normierten Sprachstandstest (‚Bärenstark')[5] teil.

Im Rahmen der dokumentarischen Begleitung beobachteten und protokollierten Felix Strasser/ Christiane Weigel insgesamt 305 Erzählstunden. Dabei standen folgende Beobachtungskriterien im Zentrum:

Beobachtung der Kinder während der Erzählstunden:

- □ Grad der Aufmerksamkeit bzw. Konzentration während der Erzählstunden (Intensität der affektiven Zuwendung)
- □ körperliche Reaktionen (motorische Unruhe, gestisch-mimische Reaktionen)
- □ verbale Reaktionen (Wiederholung von Formulierungen, Mitsprechen, verbale Interventionen, Nachfragen, Anzeichen von Unverständnis)
- □ Sozialverhalten (bewusste/unbewusste Störungen, aggressives/prosoziales Verhalten, gruppen-

dynamische Auffälligkeiten)

- □ Einfluss der Lehrerinnen und Lehrer auf das Verhalten der Kinder (Ermahnungen vor oder während der Erzählstunden, Fokus der Aufmerksamkeit, unterstützendes Verhalten)

Beobachtung der Erzählerinnen:

- □ Ritualisierung der Erzählstunden
- □ Interaktion mit den Kindern
- □ Erzähltechniken und deren Wirkung
- □ Reaktionen auf Störungen
- □ Wirkung kreativer Verfahren in Bezug auf das Verständnis und das Memorieren der Märchen

Für jede Stunde wurden die äußeren Koordinaten protokolliert, also pünktlicher oder verspäteter Anfang der Stunde, Dynamik während des Ankommens der Kinder im Märchenzimmer (s.u.), Art der Reglementierungen durch die Lehrer, zeitliche Stellung der Stunde im Unterrichtsverlauf.

Felix Strasser/Christiane Weigel hospitierten in unregelmäßigen Abständen in den am Projekt beteiligten Klassen, um das Verhalten der Kinder im Unterricht und in den Erzählstunden vergleichen zu können.

Im Schuljahr 2006/07, also im 2. Projektjahr, führte Christiane Weigel nach jeder Erzählstunde mit jeweils zwei Kindern Einzelgespräche (narrative Interviews). Dabei wurden die Kinder aufgefordert, das gehörte Märchen nachzuerzählen. Ein Teil dieser Interviews wurde mit Videokamera aufgezeichnet.

Bei der Auswertung der Interviews standen folgende Fragestellungen im Mittelpunkt:

- □ Hat das Kind die Geschichte in groben Umrissen oder nur in Details verstanden?
- □ Was kann es sprachlich mit eigenen Worten rekapitulieren?
- □ Wo gibt es in der Rekapitulation Modifikationen des Gehörten?
- □ Welche sprachlichen Formulierungen der Erzählerinnen wurden erinnert, übernommen, nachgeahmt?
- □ Übernimmt das Kind beim Erzählen die körpersprachlichen Mittel der Erzählerinnen?
- □ Welche Elemente der Geschichte waren für das Kind von besonderer emotional-affektiver und/oder intellektueller Bedeutung?

Mit den beteiligten Lehrerinnen und Lehrern wurden von Felix Strasser und Christiane Weigel Gespräche geführt und aufgezeichnet.

Dabei reflektierten sie alle Veränderungen in den Bereichen Sprach- und Erzählkompetenz, Konzentration und Sozialverhalten, die sie – mit relativer Wahrscheinlichkeit – auf den Einfluss der Erzählstunden zurückführen konnten.

Inoffizielle Gespräche zwischen den Lehrern und Erzählerinnen schlossen sich in der Regel an die jeweiligen Erzählstunden an.

Felix Strasser und Christiane Weigel gaben den Erzählerinnen jeweils ein ausführliches Feedback über ihre Beobachtungen und die Interviews mit den Kindern. Die Gespräche mit den Lehrerinnen und Lehrern wurden gemeinsam diskutiert. Dadurch entwickelte sich die begleitende Beobachtung zu einem Instrumentarium, das den Prozess direkt beeinflusste und wesentlich zu seiner Qualifizierung beitrug.

Verlauf des Projektes

Der Beginn - September 2005 bis März 2006

Der Beginn des Projektes, die Erprobungsphase, war überschattet von Umstrukturierungen der Schule. Zwei Schulen (Rehberge- und Goethe-Grundschule) wurden als Anna-Lindh-Grundschule zusammengefasst. Damit verbunden waren räumliche Veränderungen, die für die Schüler der Eingangsstufe eine enorme Herausforderung darstellten. Die mit mehrfachen Umzügen verbundene Unruhe und jeweilige Neuorientierung war dem Eingewöhnungs- und Lernprozess nicht förderlich.

> *Eine am Projekt beteiligte Lehrerin einer 1. Klasse: „Da sind am Anfang viele Faktoren zusammengekommen, auch die ganzen Probleme, die wir am Anfang mit den Eltern hatten. Die Eltern standen im Raum, die absolut nicht eingesehen haben, dass sie hier eben nichts zu suchen haben und dass sie mit ihren Kindern pünktlich kommen müssen und so. Es war Hektik, es war Wooling, und da bin ich manchmal richtig verzweifelt. Dann kam sofort dieses Märchenprojekt. Das hätte nicht gleich zum Schuljahresanfang gemacht werden sollen!“*

Ab Januar 2006 fanden die Erzählstunden in einem eigens dafür eingerichteten Raum statt. Lichterketten, ein Erzählstuhl und Kissen statt Stühle sollten ihn atmosphärisch von den Klassenräumen unterscheiden. So war das Erzählen zwar räumlich aus dem Unterrichtsalltag ausgegliedert, aber die Kinder mussten stets zunächst durch das Labyrinth der Schule in diesen Raum geführt werden, und bereits hier entwickelte sich mitunter eine Dynamik, die konträr zur erwünschten Ruhe und Konzentration in den Erzählstunden stand. Außerdem wurde dieser Raum an den Nachmittagen als Hortraum genutzt, verlor dadurch schnell seine Besonderheit und verschmutzte. Die Absicht, über räumlich-atmosphärische Veränderungen auch eine andere Wahrnehmung der Erzählstunden durch die Kinder zu erreichen, scheiterte bald an den pragmatischen Notwendigkeiten des Schulalltags. Selbst die Versuche der Erzählerinnen, den Raum vor den Erzählstunden mit eigens dafür angefertigten Vorhängen oder Requisiten umzugestalten, lösten ihn nicht gänzlich aus seinem funktionalen Gebrauch.

Von den Lehrer/innen wurden die Erzählstunden zu Beginn als Fremdkörper wahrgenommen, der die Normalität des Schulalltages irritiert. Ihre Bereitschaft, sich auf die Erzählerinnen und deren Konzept einzustellen, war nicht selbstverständlich gegeben. Gegenseitigkeit, wechselnde Anerkennung und Unterstützung blieben anfangs harten Proben ausgesetzt. Diese Distanz wurde verstärkt durch den Umstand, dass die Erzählerinnen in der Erprobungsphase jeweils nur mit der Hälfte der Klasse arbeiteten, also ohne die Lehrer/innen, die parallel dazu die anderen Kinder unterrichteten. So waren sie nicht direkt in das Projekt eingebunden – ein schwerwiegender Fehler, wie sich bald herausstellte.

Innerhalb des Schulalltages erschwerten mitunter Kommunikationsprobleme den Ablauf: Stunden fielen aus unterschiedlichen Gründen aus, ohne dass die Erzählerinnen davon in Kenntnis gesetzt wurden; Sportveranstaltungen, Ausflüge oder (Zahn)Arztbesuche wurden den Erzählerinnen nicht angekündigt.

Ein schwerwiegenderes Problem war der Druck, unter dem die Lehrer/innen durch vergleichende

Orientierungsarbeiten standen. Sie bestätigten zwar den sprachfördernden Wert der Erzählstunden, mussten sich aber für die Leistungen ihrer Kinder in Diktaten und Aufsätzen rechtfertigen, auf die sich das Projekt nicht unmittelbar leistungssteigernd auswirkte. Dadurch entwickelten sie gegenüber dem Projekt ein ambivalentes Verhältnis, das der sinnvollen Verknüpfung mit dem regulären Unterricht nicht förderlich war. Da die Lehrer/innen mit ihren leistungsschwachen Klassen stets den vorgegebenen Lernzielen nachjagten, fehlte ihnen Zeit, Energie und zum Teil auch Verständnis, das im Erzählprojekt Angelegte im Unterricht weiterzuführen. Gemeinsamkeiten zu suchen und diese zu stärken – das war nicht immer gegeben. Für alle Beteiligten wurde deutlich, dass die enge Zusammenarbeit zwischen Lehrpersonal und Erzählern, getragen von gegenseitigem Respekt, Vertrauen und Offenheit, eine Grundvoraussetzung für gelingende Integration eines solchen Projektes in den Schulalltag darstellt.

Auf Seiten der Erzählerinnen ergaben sich zunächst Probleme aus ihrem Rollenverständnis. Wie sollten sie sich sehen – als Künstlerinnen, als Lehrerinnen mit besonderen Aufgaben, als ‚Märchentanten', als Exoten? (Damit ist das generelle Grundproblem des Einsatzes von Künstlern im schulischen Setting berührt.) Sie erprobten unterschiedliche Zugänge zu den Kindern, wechselten ihre Strategien – und dieser ‚trial and error'-Selbst- und Rollenfindungsprozess war dem Ganzen nicht zuträglich. Es zeigte sich, wie stark Kinder Verbindlichkeiten brauchen, verlässliche Regulative, in deren Grenzen sie ihre Freiheit erproben und ihre Kreativität entwickeln können. Die ihnen gesetzten Grenzen müssen an eindeutigen, wiederkehrenden Signalen rasch und unmissverständlich erkennbar sein. Ein Reglement zu finden, das der Besonderheit des Geschichtenerzählens entspricht, der den ‚Einbruch des Fiktiven in die Realität des Alltags' zum Genuss werden lässt, führte über Umwege und erforderte Geduld und viel Zeit.

Als ein besonders sensibler Bereich erwies sich die Auswahl der Märchen für die jeweilige Erzählstunde. Nicht nur musste mit der Entscheidung für eine bestimmte Geschichte deren Alterseignung bedacht werden. Oftmals waren die Erzählerinnen gezwungen, sich spontan auf Unvorhersehbares einzustellen: auf die Stimmung und Befindlichkeit der Klassen (mitunter nach fünf Stunden anstrengendem Unterricht), auf das Verhältnis von Mädchen und Jungen, auf die unterschiedliche kulturelle und religiöse Prägung der Kinder – dieses Bündel von Faktoren konnte nur schwer antizipiert werden und führte mitunter zu Fehleinschätzungen bei der Auswahl der Geschichten. Ein sicheres Gespür für die richtige, der jeweils spezifischen Situation angemessene Geschichte zu entwickeln – das ist ein diffizil verlaufender, lang dauernder Erfahrungsprozess.

Erschwert wurden solche spontanen Entscheidungen durch die im Konzept festgelegte Vereinbarung, über jeweils ca. sechs Wochen hinweg Geschichten eines bestimmten Kulturkreises zu erzählen. Obwohl die Erzählerinnen um die Bedeutung geschlechtsspezifischer Identifikationsprozesse bei der Märchenrezeption wussten, war es mitunter schwer, für Mädchen und Jungen gleichermaßen interessante Identifikationsangebote aus dem Märchenschatz der jeweiligen Kulturen bereitzustellen.

Zurück zum Anfang:
In den ersten Erzählstunden erlebten die Erzählerinnen staunende, bereitwillig zuhörende Kinder. Damit bestätigten sich ihre Erfahrungen, die sie bisher bei einmaligen Erzählveranstaltungen in Schulen, Bibliotheken, Museen usw. gemacht hatten. Aber diese ‚one off'-Begegnungen, wie die Engländer solche

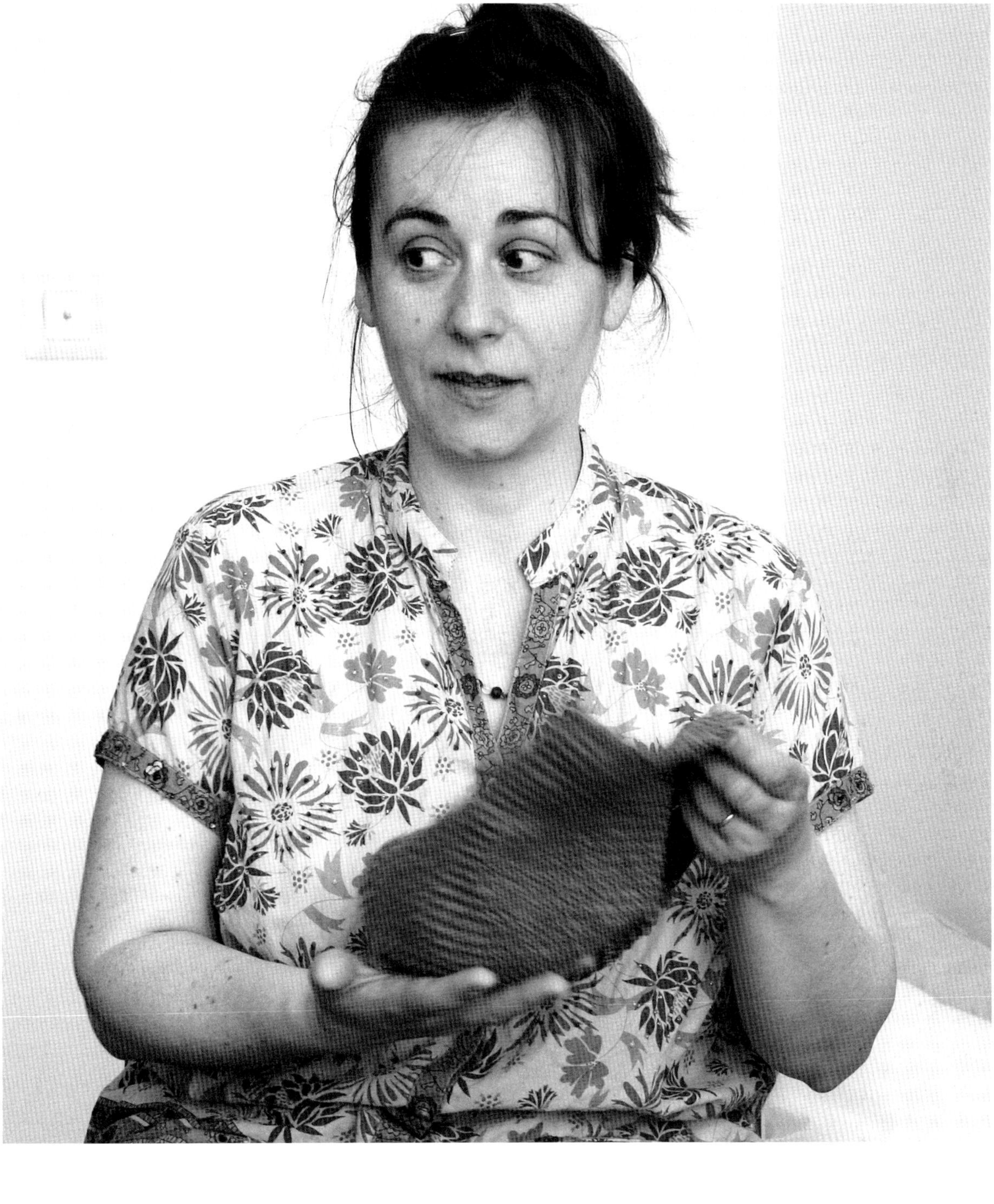

Rock

Veranstaltungen nennen, sind kein sicheres Fundament, das auf Dauer die Zuhörbereitschaft garantiert. Der Reiz des Besonderen war schnell verflogen, und der Schulalltag brach mit aller brachialen Gewalt in die Erzählstunden ein. Die Schere ging weit auseinander: Einige Schüler stürmten zu Beginn der Stunden auf die Erzählerinnen zu, umarmten und liebkosten sie, schenkten ihnen Süßigkeiten, folgten gespannt und ausdauernd ihren Worten und wollten sich anschließend nicht von ihnen trennen. Kinder, die mitunter verängstigt, ja weinend in die Erzählstunde kamen, hörten mit beinahe beklemmender Aufmerksamkeit zu. Einige Kinder erweckten den Eindruck, als hörten sie nicht wirklich zu, genossen aber die Atmosphäre, vielleicht aber auch die ‚Musikalität' der Sprache der Erzählerin – Hingabe an eine wohlklingende menschliche Stimme? Andere Kinder verweigerten sich gänzlich. Sie demonstrierten ihr Desinteresse durch lautstarke, aggressive Zwischenrufe, provozierten die anderen Kinder mit körperlichen und verbalen Injurien, warfen sich auf den Fußboden, alberten herum, wandten sich demonstrativ von den Erzählerinnen ab, krochen unter die Stühle oder versteckten sich hinter anderen Kindern.

Die Schwierigkeiten, diesem Chaos zu begegnen, lagen u.a. vor allem in seiner Unberechenbarkeit. Die Erzählstunden glichen Wechselbädern. Mitunter reagierten die Kinder verzaubert, liebe- und rücksichtsvoll im Umgang miteinander, mit ungeteilter Aufmerksamkeit der Erzählerin zugewandt. Dann wieder Toben und Schreien, Handgreiflichkeiten, die kaum zu beschwichtigen waren.

Es war deutlich spürbar: In den Erzählstunden entluden sich gruppendynamische Prozesse und Frustrationen, die im regulären Unterricht durch die Autorität der Lehrer ‚gedeckelt' oder souverän aufgelöst werden könnten. Die Kinder agierten in den Erzählstunden etwas aus, das im Unterricht nur unterschwellig spürbar ist. Sie kämpften untereinander um Rangfolgen und Prestige. Bei den Erzählerinnen, deren Autorität sie nicht ohne weiteres anzuerkennen bereit waren, erprobten sie ihre Grenzen, kämpften auf paradoxe Weise um Zuwendung, Anerkennung, Aufmerksamkeit.

Wie aber sollten die Erzählerinnen dieser Unberechenbarkeit begegnen? Sanktionen lehnten sie kategorisch ab.

Sie erprobten verschiedene Strategien:

□ Verbindlich eingeführt wurden Anfangs- und Endrituale. Der Eintritt und das Verlassen des Märchenraumes, der Beginn der Geschichte und deren Ende wurden durch ein wiederkehrendes, körperliches und verbales Zeremoniell markiert. Dies erwies sich rasch als relativ verlässliche Möglichkeit, den Status der Erzählstunden als einen besonderen zu betonen und damit ohne Ermahnungen oder Reglementierungen die Zuhörbereitschaft der Kinder zu aktivieren.

□ Unterschiedliche Wirkung zeigten Gruppenspiele, die dem Erzählen vorgeschaltet wurden. Vor allem die sog. ‚Dämonenspiele'[6] erwiesen sich bei einigen Klassen als Favoriten. Nach den körperbetonten Spielsequenzen waren die Kinder in der Regel aufmerksamer als sonst.

□ Innerhalb der Erzählstunden erprobten die Erzählerinnen die Verbindung von Zuhören und Spielen. Sie ließen die Kinder einzelne Episoden szenisch gestalten. Die Wirkung war auch hier nicht berechenbar: Mitunter waren die Kinder mit Begeisterung dabei und versuchten sich in verschiedenen Rollen und fiktiven Situationen. In anderen Stunden eskalierten Konflikte zwischen den Schülern, und das Spiel endete in einem heillosen Tohuwabohu.

□ Die stärkste Wirkung zeitigte das Erzählen dann, wenn die Erzählerinnen betont körpersprachlich agierten. So setzten sie zunehmend ihr gesamtes expressives Repertoire ein: mit onomatopoetischen

Mitteln eine Situation atmosphärisch zu verdeutlichen, Figuren, deren Verhalten und Handeln anzuspielen, Emotionen gestisch-mimisch zu vergrößern und damit ‚lesbar' zu machen. Die Kinder goutierten diese Entscheidung mit fasziniertem Zuhören. Es wurde deutlich, dass diese Form der Darstellung an Bekanntem anknüpfte: an der Vermittlung von Geschichten über die visuelle Wahrnehmung. Die Kinder verfolgten mit den Augen die körperlichen Bewegungen der Erzählerinnen wie den bewegten Bildern im Fernsehen. Die expressive Körpersprache hält eine Verständigungsebene bereit, die dem Auditiven vor- oder übergeordnet ist. Die kindliche Konzentration wird durch Visuelles weitaus stärker aktiviert und aufrecht erhalten als durch Auditives. Hören erfolgt beiläufig, es kann das Sehen unterstützen, ergänzen, aber in der Rangfolge der Sinne behauptet das Sehen uneingeschränkt die Spitzenposition. Alles, was sich bewegt, zieht die Aufmerksamkeit der Kinder an und hält sie wach.

Es war zu beobachten, dass die Erzählerinnen mit dieser Art von Visualisierung und lautmalerischer Modulierung des Geschehens die Kinder in die Welt der Geschichten hineinholen konnten, auch wenn einzelne Formulierungen unverständlich blieben. Die Kinder konnten sich die Bedeutung unbekannter Begriffe auf diese Weise selbst erschließen – vorausgesetzt, sie versuchten, die Geschichte zu verstehen und folgten nicht nur der körperbetonten Erzählweise der Erzählerinnen. Im besten Falle hielt dieser körpersprachliche ‚Text' eine Verständigungsebene bereit, die sprachlich Unverständliches verständlich machte. Es bestätigte sich unsere Hypothese: Wird eine Geschichte ‚spielend' erzählt, dann erscheinen ihre Wörter eingebettet in ein dichtes Netz von sinnlich Wahrnehmbarem, das für den Aufbau von Sinnverständnis konstitutiv sein kann.

Die Entscheidung für diese expressive Form der Geschichtenvermittlung war unter den Erzählerinnen nicht unumstritten. Sie scheuten sich zu Recht vor Vergröberungen und Illustrationen. Die Intimität des Erzählvorganges geriet damit in Gefahr. Erzählen im Klassenzimmer ist kein Event.[7] So war diese Phase der Erprobung ein Balanceakt für die Erzählerinnen. Sie beschrieben sich selbstkritisch als ‚zappelndes Etwas', das mit ‚Zappelei' die Aufmerksamkeit gewinnt. Gleichzeitig erlebten sie die körperbetonte Vermittlung als unverzichtbar für die Aktivierung der Zuhörbereitschaft.

Im Laufe der Monate entwickelten sie einen – ihrer jeweiligen Individualität entsprechenden – nuancenreichen Erzählstil, der Sprache und Spiel auf subtile Weise miteinander verbindet. Das Spiel blieb wesentlicher, unverzichtbarer Bestandteil des Erzählvorganges, aber als kalkuliert eingesetzte Verständigungsebene und/oder sinnerweiternder Kommentar. Das schloss Spontaneität nicht aus. Der Erzählstil blieb flexibel, offen für intuitives Reagieren. Er näherte sich weder dem Kammerton an, den manche Märchenerzähler pflegen, noch dem Hohen Ton, in den Schauspieler mitunter verfallen, wenn sie Märchen wie einen Monolog vortragen. Die Kinder waren an seiner Ausformung wesentlich beteiligt. Er ist das Ergebnis von oft auch schmerzlich verlaufenden Interaktionsprozessen.

Ein Teil der anfänglichen Schwierigkeiten, und das war uns eingangs nicht bewusst, lag nicht nur im Bereich der sprachlichen Defizite, sondern insbesondere im Bereich der Phantasie – unabhängig von der ethnischen Herkunft der Kinder. Bei einem erheblichen Teil der Kinder war die Imaginationsfähigkeit blockiert. Andere Platzhalter besetzten ihre Phantasie – in oft erschreckender Weise auch bei den Erstklässlern Sex and Crime. D.h., die Landkarte der Phantasie dieser Kinder war beschrieben mit medial vorgefertigten Bildern.

Zu Beginn des Projektes waren besonders die selbst erfundenen Geschichten der Kinder von Gewalt geprägt. So bekamen die Kinder in einer Stunde die Aufgabe, Lügengeschichten zu erzählen. Diese Geschichten handelten allesamt vom Kämpfen, Töten und von explodierenden Bomben. Anwesende Kinder kamen in den Schilderungen der Mitschüler zuhauf zu Tode.

> *S.: „Der hat eine Granate geworfen. Ist explodiert. Valentino (eines der anwesenden Kinder) hat gestorben und seine Beine waren Salami. Sind sie zu Gott, und der hat ihm noch eine letzte Chance gegeben. Sind sie im Haus gegangen. Im Haus war eine Bombe. Das Haus explodiert." Die Kinder lachten sich bei jeder Explosion kaputt und wirkten geradezu high, wodurch der jeweilige Erzähler weiter angefeuert wurde. Die Erzählerin Marietta Rohrer-Ipekkaya fragte die Kinder anschließend, ob sie zu Hause auch Bombenexplosionen spielten. „Ja," antwortete M., „im Computer gibt es den Torpedo. Da kann man eine ganze Titanic zerstören." Erzählerin: „Und das macht euch Spaß?" Ein einstimmiges euphorisches „Jaaaa!" als Antwort.*

Für die Bilder des Märchens gab es keinen Resonanzraum in der Vorstellungswelt der Kinder. Das Projekt traf auf Brachland. Selbst die Disney-Varianten oder die Simsala-Grimm-Trickfilm-Serie waren nur vereinzelt bekannt.

Die Kolonisierung der Phantasie durch Sex and Crime korrespondierte mit der Schwierigkeit der Kinder, aus dem gehörten Wort Bilder im Kopf zu erzeugen, also das Gehörte und Gesehene in selbstgefertigte – nicht medial vorgegebene – Vorstellungen zu übersetzen. Der Ausruf eines Jungen: „Jetzt seh' ich das alles in meinem Kopf!" kam einem Durchbruch gleich. Diese Art von Imaginationsfähigkeit ist unabdingbare Voraussetzung für das Verständnis nicht nur von Gehörtem, sondern vor allem von Gelesenem. Literarische Bildung hat nicht nur etwas zu tun mit Lesefertigkeit, sondern in gleicher Weise mit Imaginationsfähigkeit. Auch das muss heute – im ‚digitalen Zeitalter' – offensichtlich in weit stärkerem Maße ‚trainiert' werden als im ‚Gutenberg-Zeitalter'. Nur dann können Erzählen und Literatur den Adressaten tatsächlich erreichen, kann ein erzählter oder gelesener Text transformiert werden in individuelle Phantasmen.

Weiterführung – März 2006 bis Juli 2007

Am Ende der Erprobungsphase gab es eine Konferenz aller am Projekt Beteiligten: Schulleitung, Lehrerinnen und Lehrer, Erzählerinnen und begleitende Mitarbeiter. Organisatorische und inhaltliche Schwierigkeiten wurden ausführlich reflektiert, die Potenzen des Projektes evaluiert und Entscheidungen für den Fortgang getroffen.

Im Ergebnis wurden ab März die Klassen beim Erzählen nicht mehr geteilt; die Lehrer/innen nahmen an den Erzählstunden teil. Das Erzählen wurde auf eine Stunde pro Woche reduziert und zwei neue 1. Klassen in das Projekt einbezogen.

Der unmittelbare, auch informelle Austausch zwischen Schulpersonal und Erzählerinnen wurde verstärkt. Damit wurde der Weg gebahnt für die stärkere Integration des Projektes in den gesamten Unterricht. Die Erzählerinnen gingen bei der Auswahl der Geschichten stärker auf Bedürfnisse der Lehrer/innen ein

und gaben Anregungen für deren Weiterführung im Unterricht. Die Proportionen zwischen Rezeption und Produktion verschoben sich: Der Anteil der sprachlichen Aktivitäten der Kinder wurde verstärkt; in immer größerem Umfang wurden sie selbst zu Erzählern. Projekttage wurden vereinbart, die die Effektivität des Projektes wesentlich verstärkten. Hierbei verbanden sich Erzählen und kreatives Gestalten in fruchtbarer Weise. Die Kinder bauten, malten, kneteten und bastelten szenische Settings, mit deren Hilfe sie mit wachsender Freude und mit Stolz umfangreiche Geschichten nacherzählen oder frei erfinden konnten.

Am Beginn des zweiten Schulhalbjahres im März 2006 machte der Vergleich im Verhalten der Kinder aus den neuen und den alten Klassen eindrücklich deutlich, welche Wegstrecke die Erzählerinnen gemeinsam mit den Kindern in der Erprobungsphase zurückgelegt hatten. Die Kinder der ‚alten' Klassen hörten mittlerweile mühelos bis zu 40 Minuten konzentriert zu. Die Unruhe und die Streitigkeiten, die in der unmittelbaren Anfangsphase das Erzählen massiv behindert hatten, blieben weitestgehend aus, und oft forderten die Kinder am Ende: „Noch ein Märchen!" Mit gewitzten Zwischenbemerkungen bewiesen sie ihre Aufmerksamkeit und ihr Verständnis für die oftmals komplexen Geschichten. In den Gesichtern spiegelten sich Furcht, Bangigkeit, Freude, Hoffnung und Zorn. Das eine oder andere Kind musste mitunter vor Spannung vom Stuhl hüpfen. Mit Bewegungen und Geräuschen begleiteten sie den Erzählvorgang. Im szenischen Spiel, das ab und an das Erzählen ergänzte, überraschte die Fülle an Details, an die sich die Kinder erinnerten. Kinder, die im Sprachstandstest elementare Wörter der deutschen Sprache nicht verstanden, ließen hier ausgefallene Formulierungen hören.

Die Kinder erzählen und spielen ein russisches Märchen nach:
R. verwandelt sich in die ‚Fliege, die Armselige', H. wird zur ‚Mücke Singefein', M. zu ‚Hase Krummbein' und S. zur ‚Füchsin Redeprächtig' (so die Bezeichnung der Figuren des Märchens). U. wählt die Rolle des Wolfs und stellt sich vor als ‚Wolf, der Wolferich, hinterm Busch, da pack ich dich!' Er gilt allgemein als Problemkind, und auch beim Erzählen stellte er anfangs eine große Herausforderung dar. Häufig verweigerte er sich dem Erzählen gänzlich. Kerstin Otto: „Er störte, wo er konnte, und ich hatte nicht das Gefühl, das irgend etwas bei ihm ankommt." Eines Tages war bei ihm eine Veränderung zu sehen. Am Ende der Erprobungsphase ist U. ein Kind, das beim Erzählen sichtlich auflebt und mit beeindruckender Kreativität und Konzentration dabei ist.

Immer stärker wurde am Ende der Erprobungsphase das Bedürfnis der Kinder spürbar, sich selbst Geschichten auszudenken und zu erzählen. Gegen Ende einer Erzählstunde kamen z. B. ein Mädchen und ein Junge sichtlich aufgeregt zu Kerstin Otto und sagten: „Wir haben uns ein Märchen ausgedacht, können wir das erzählen?" Und schon fingen sie langsam, sorgfältig nach Worten suchend, an: „Es war einmal ein Mädchen. Das lebte in einem Schloss. Sie hatte sechs Brüder. Die gingen in den Wald, um Holz zu holen. Als sie wiederkamen, heizten sie den Ofen, um das Essen zu kochen. Der Älteste hackte, und die anderen schnitten Kräuter ..." Die gesamte Klasse hörte still, fast atemlos zu – Kinder, die vor Wochen noch permanent einander ins Wort fielen und kaum in der Lage waren, längere Zeit zuzuhören. Als das Mädchen ins Stocken kam, warteten die Kinder mit verschiedenen Vorschlägen zur Fortsetzung der Geschichte auf. Dabei wurde deutlich, wie viel sie schon von der Struktur und Motivik eines Märchens verstanden hatten. Gemeinsam mit der Erzählerin spannen sie eine phantasievolle Geschichte.

Im Vergleich dazu reichte die Aufmerksamkeit der gleichaltrigen Kinder der neu hinzugekommenen Klassen für ein holpriges 20-minütiges Erzählprogramm. Holprig, weil die Kinder nicht stillsitzen konnten, weil es ihnen sichtlich schwerfiel, sich auf die Erzählerin zu konzentrieren. Manche Kinder begannen Seitengespräche über andere Themen. Andere störten ihre Mitschüler durch Neckereien, Tuscheln, Kichern und teilweise auch aggressive Attacken. Immer wieder gerieten die Kinder in Streit und unterbrachen das Erzählen mit Ausrufen wie: „Frau F. (die Klassenlehrerin), der/die hat mich gehauen!“ Versuche, sie durch Spielen stärker in das Geschehen einzubinden, mussten abgebrochen werden.

An den Erzählstunden nahmen ab März auch die Lehrer/innen regelmäßig teil. Auch die Wirkung dieser Entscheidung erwies sich zunächst als ambivalent. So genossen einige Lehrer/innen sichtlich die ungewohnte Atmosphäre.

Sabine Kolbe erzählt ‚Bellah und Huarne‘, ein französisches Märchen von beträchtlicher Länge und Komplexität. Die Kinder hören bis zum Ende aufmerksam zu. Auch F., D. und H., die vor ihr auf dem Boden hocken und bisher permanent für Unruhe gesorgt hatten, entspannen sich, schauen sie aufmerksam an, ihre Hände finden zur Ruhe, sie lehnen sich aneinander und scheinen die körperliche Nähe zu genießen. M.-Ch., ein fahrig-nervöses Mädchen, gibt kluge Zwischenbemerkungen und ist sichtlich emotional beteiligt. Die Blicke der Lehrerin und der Erzieherin (die Klasse ist ‚doppelt gesteckt‘, hat also zwei Lehrkräfte zur Verfügung) wenden sich allmählich von den Kindern ab und der Erzählerin zu. Sie lehnen sich zurück, lachen gemeinsam mit den Kindern; ihre Gesichter verlieren den angespannten Ausdruck. Am Ende bedankt sich die Erzieherin mit den Worten: „Ach, war das schön. Jetzt verstehe ich, was eine Lehrerin während meiner Ausbildung gesagt hat: Fabeln darf man nicht vorlesen, nur erzählen! Und Märchen sind ja auch so was wie Fabeln.“

Eine andere Lehrerin: „Ich bin erstmal begeistert von den Geschichtenerzählerinnen. Wunderbar! Also, ich bin da jedes Mal hin und weg, wenn ich sehe, wie das gemacht wird. Dieses lebhafte Erzählen, dieses Sich-Hineinversetzen! Und manchmal habe ich den Wunsch: Ach, hört doch nicht auf! Ich möchte jetzt weiter hören! Ich nehme da auch viel für mich mit, was man so machen kann. Und das ist natürlich fantastisch, die Kinder zu beobachten. Wenn ich mal loslassen kann ...“

Andere Lehrer/innen wiederum sahen sich auf die undankbare Rolle festgelegt, für Ruhe und Ordnung zu sorgen und kamen dieser Zuschreibung in der mit ihrer Klasse eingespielten Art und Weise nach. Dies kollidierte zum Teil mit der von den Erzählerinnen erwünschten bewertungsfreien Atmosphäre von Akzeptanz und Annahme der Kinder. So sanktionierten manche Lehrer/innen ‚schwierige‘ Schüler und Schülerinnen, indem sie diese aus der Stunde herausnahmen oder andere Strafen ankündigten. Durch negative Kommentare oder wertende Bemerkungen übertrugen sie die eingeschliffenen Muster des Unterrichts auf die Erzählstunden, was ein Teil der Kinder einschüchterte oder rebellisch werden ließ. Andere Lehrer/innen unterstützten unbewusst das unkonzentrierte Zuhörverhalten der Kinder, indem sie selbst Randbemerkungen nach rechts und links streuten, mit Kindern oder Erwachsenen Zwischengespräche anfingen bzw. die Geschichten selbst nicht verfolgten. Wie stark sich die Haltung der Lehrerinnen auf das Verhalten der Kinder auswirkte, sei an drei Beispielen dokumentiert:

Eine Klasse kam im Wechsel mit zwei verschiedenen Lehrerinnen. Während die eine von ihnen, selbst eine erklärte Märchenfreundin, das Projekt sehr schätzte und sich im Umgang mit den Kindern gelassen und ruhig zeigte, hatte die andere Lehrerin einen vergleichsweise strengen Ton, händelte die Klasse oft mit strengen Sanktionierungen und wirkte während der Erzählstunden mitunter abwesend und erschöpft. Kam die Klasse mit der ruhigeren Lehrerin, wirkte sie aufgeräumt und zugewandt – die Erzählstunden verliefen dann in der Regel sehr positiv. Mit der zweiten Lehrerin waren die gleichen Kinder oftmals (nicht durchgängig) wie verwandelt: bockig, rebellisch, desinteressiert – die Unruhe eskalierte häufig, und die Stunden mussten zum Teil sogar abgebrochen werden. Die Lehrerin bestätigte damit ungewollt ihre Ankündigung gegenüber der Erzählerin, als sie mit den Kindern ins Märchenzimmer kam: „Die sind heute wieder furchtbar. Zuhören geht gar nicht."

Eine andere Lehrerin setzte sich häufig an das andere Ende des Raumes und korrigierte während der Erzählstunde Arbeiten der Kinder. Beim Erzählen der Kinder mischte sie sich dann von dort aus ein, gab Handlungsanweisungen, ermahnte, kommentierte, bewertete und korrigierte die Äußerungen der Kinder. Die disziplinarischen und verbalen Eingriffe zerstörten die von der Erzählerin etablierte Atmosphäre in erheblichem Maße.

Eine als besonders schwierig eingestufte Klasse war meist schon lange vor dem Eintreffen zu hören. Vor dem Eintritt ins Märchenzimmer folgten oft noch letzte Ermahnungen durch die Lehrerin. Die Stimmung der Kinder war gereizt, trotzig, verschlossen. Die immer gleichen, besonders ‚schwierigen' Kinder wirkten nach Schulstunden, in denen sich vermutlich Versagen und Bestrafungen angesammelt hatten, verstört und in sich zurückgezogen. Mit dem Anfangsritual der Erzählstunde veränderte sich jedoch die Stimmung der Klasse erstaunlich schnell. Die Lehrerin konnte sich in den Hintergrund begeben und die Verantwortung abgeben. Die Kinder versammelten sich um die Erzählerin und sprachen mit ihr den Spruch zum Öffnen der imaginären Märchentür. Dabei öffneten sich in der Regel auch ihre Gesichter, und nach dem ‚Es war einmal' waren die Querelen des Alltags vergessen – jetzt war Märchenzeit, und alles bis eben noch Gegenwärtige verblasste. Die Kinder kuschelten sich in die Kissen, kraulten und streichelten sich gegenseitig. Die angespannte Atmosphäre verwandelte sich in eine gelöste, freundliche Stimmung.

Einigen Lehrer/innen fiel es sichtlich schwer, Situationen auszuhalten, in denen die Kinder freier agierten und dadurch bedingt Unruhe aufkam. Spielaktionen oder Erzählrunden, in denen Kinder ihre Geschichten präsentierten, führten häufig zur Auflösung der gewohnten Ordnung. Hier hatten die Lehrer/innen oft sehr früh das Bedürfnis, regulierend einzugreifen und begrenzten dadurch unbeabsichtigt Momente schöpferischer Kreativität.

Demgegenüber agierten die Erzählerinnen als externe, schulfremde Personen. Sie brachten nicht nur mit ihren neuen Geschichten, ihrer Sprache, ihrer sorgfältig ausgewählten Kleidung eine willkommene Abwechslung mit, sondern konnten sich auch vorurteilslos auf solche Kinder einlassen, deren Stigmatisierung innerhalb des gewohnten Klassengefüges festgeschrieben war. Als gelegentlicher Gast in der Schule waren die Künstlerinnen in vielerlei Hinsicht unbefangener, emotionaler und vielleicht auch enthusiastischer als es sich ein Lehrer/eine Lehrerin im Schulbetrieb leisten kann. Diese Tatsache brachte für die

Künstlerinnen zuweilen nicht unerhebliche Probleme, wie oben beschrieben, aber ihre Frische und Naivität konnte umgekehrt auch Gewohntes und Festgefahrenes in Bewegung bringen.

Davon profitierten insbesondere solche Kinder, die im normalen Unterricht als schwierig, lern- und konzentrationsschwach auffielen. Bei ihnen beobachteten die Lehrer/innen augenfällige Veränderungen. Der kreative, von Leistungsdruck befreite Zugang zur Sprache löste Versagensängste und mentale Blockaden auf.

So äußerte sich z.B. eine Klassenlehrerin über ihren Schüler F. (Türkei): „Auch wenn der manchmal so reinhaut, undiszipliniert ist, die Erzählerinnen bekommen ihn dazu zuzuhören. Also, da kann der schon richtig folgerichtig Sätze formulieren und sich gut ausdrücken, hat schöpferische Ideen, wo man ihm das nicht zutrauen würde. Der hat so ne richtige Fantasiewelt. Also, im Unterricht ist das alles sehr schleppend."

Über ihren Schüler H. (Türkei) sagt sie: „Der ist total überdreht, der besucht ja schon Ergotherapie. Im Unterricht, da fällt es ihm ganz doll schwer, still zu sitzen. Aber bei diesem Erzählprojekt – ganz anders, da ist er so verzaubert. Da findet der so eine Insel und entspannt sich."

A. (Türkei) – ein Junge, der mit gerade acht Jahren bereits zum zweiten Mal wegen massiver körperlicher Handgreiflichkeiten auf dem Schulhof einer Vorladung zur Polizei nachkommen musste, eines der zahlreichen Kinder mit ADS-Syndrom, ist es im Unterricht kaum möglich, fünf Minuten unabgelenkt zuzuhören. Nicht so in den Erzählstunden – hier ist A. wie ausgewechselt. Atemlos lauscht er Geschichten von bis zu 40 Minuten Länge, reitet auf seinem Stuhl durch die mongolische Steppe, kämpft gegen Zauberer, versteckt sich angstvoll hinter seinem Vordermann, wenn der Drache in Sicht kommt und fühlt, deutlich sichtbar, innerlich mit. Scheint das Lernen bei A. im Unterricht blockiert, so helfen ihm im Erzählprojekt seine Imaginationsfähigkeit und seine starke Fantasie, diese Blockaden zu überwinden und ohne Druck über eine beachtliche Zeitspanne hinweg konzentriert zuzuhören. Die Beobachtung seiner starken innerlichen Beteiligung legt zudem die Vermutung nahe, dass dieser Junge, der mit einem erheblichen Aggressionspotenzial aufwartet, im Märchen Emotionen auch aggressiver Art stellvertretend zu durchleben und vielleicht auch abzubauen vermag.

Im Interview mit Christiane Weigel sagt H. (Türkei), er schäme sich, vor der ganzen Klasse Geschichten zu erzählen, beginnt jedoch in der geschützten Situation des Interviews eine Geschichte nach der anderen zu erzählen. Dabei benutzt er erkennbar Elemente aus vergangenen Erzählstunden. Seine Geschichten handeln in erschütternder Weise von Verlassenwerden, Verrat, Verfolgung und Tod. Ein Ausschnitt: „Es war einmal ein Wald. Da war nur ein Wildschwein. Nur eins, sonst gar keiner. Das ist gerannt, nach Hause. Da war keiner. ‚Wo ist Mama?' hat der so geredet, obwohl da keiner war. Nur so geredet. ‚Mama!' gerufen, so laut er konnte. Mutter ist gekommen. ‚Wo warst du? Ich hab dich gesucht,' sagt der Junge. ‚Ich war die ganze Zeit neben dir.' ‚Aber ich hab links und rechts geguckt. Da warst du nicht.' Mutter: ‚Dann war ich über dir.' ‚Hab ich auch geguckt.' Mutter: ‚Dann war ich zu Hause.' Sie hat gelogen. Das war auch nicht seine Mutter. Sie hatte eine Maske und so einen Anzug. Sie waren alle tot. Das hat das Wildschwein nicht gewusst."

M. (Serbien) kommt im zweiten Schuljahr neu in die Klasse. Bei seiner Ankunft spricht er kein Wort deutsch. Im Laufe des Schuljahres entwickelt der Junge starke Auffälligkeiten. Er spricht nicht, scheint auch wenig zu verstehen, schaut keinem Erwachsenen in die Augen, verschließt sich immer mehr und entwickelt diverse Strategien, um fünf Stunden sprachlose Langeweile in der Schule durchzustehen. Meistens wird er schon vor der Erzählstunde von der Klassenlehrerin aussortiert und nach hinten gesetzt, weil er im Laufe des Tages eine Liste von Vergehen angesammelt hat. Die Erzählerinnen sind nicht bereit, seine innere Abwesenheit zu akzeptieren und bemühen sich stark um M. Er wird in Geschichten einbezogen, Passagen werden für ihn übersetzt, und er versucht, sie in seiner Sprache wiederzugeben. Diese explizite Zuwendung ist außerhalb der Märchenstunden nicht aufrecht zu erhalten, sie scheint den Jungen aber sichtlich zu verwandeln. In den nächsten Stunden sitzt M. stets in der ersten Reihe und schaut mit großen erwartungsvollen Augen zur Erzählerin. Hier wird seine Sprachlosigkeit ein Stück weit aufgehoben, und das scheint ihm sehr gut zu tun.

Das Projekt macht auf eine Reihe von Grundproblemen schulischen Lernens aufmerksam. Eines davon ist die Einbindung von Kindern mit hohem Aggressionspotenzial, mit extremen Lernschwächen und ADS-Syndrom in den normalen Unterrichtsalltag. Sie reagieren bekanntlich besonders sensibel auf Leistungsdruck, ziehen sich aufgrund ständiger Misserfolge entweder zurück oder reagieren mit unkontrollierten affektiven Ausbrüchen. Vom Lehrpersonal, Mitschülern und/oder Eltern werden sie häufig als ‚Problemkinder' wahrgenommen.

Eben diese Kinder haben vom Erzählprojekt in besonderer Weise profitiert.

Diese Beobachtung deckt sich mit Erfahrungen, die Künstlerinnen und Künstler unterschiedlicher beruflicher Herkunft mit Schulprojekten machen: In der Regel sind es vor allem diese Kinder, die – nach anfänglichen Schwierigkeiten – in künstlerischen Projekten durch Ausdauer und Kreativität wie verwandelt erscheinen. Eben dies sollte in den Überlegungen zur Reformierung von Schule eine zentrale Rolle spielen.

Ergebnisse

Zuhören als Voraussetzung für aktiven Spracherwerb

The spoken word exists only when it is shared.
Bruno LaSalle

Hören verbindet uns mit der Welt. Zu-Hören ist gerichtetes Hören. Im Zuhören verwandelt sich reaktives in aktives Hören. Zuhören schließt Zuwendung, Aufmerksamkeit, Konzentration ein. Damit wird Zuhören zu einer Grundvoraussetzung menschlicher Kommunikation. Nur über Zuhören kommen dialogische und Verstehensprozesse in Gang.

Für die an unserem Projekt beteiligten Kinder war Zuhören – wie oben beschrieben – keine Selbstverständlichkeit. Zuhören musste als kommunikative Fähigkeit erst erworben werden. Wenn die Kinder am

Ende der Erprobungsphase und in den darauffolgenden Monaten den Erzählerinnen bis zu 40 Minuten mit allen Sinnen gefolgt sind, dann ist dies ein untrügliches Indiz für den Erfolg des Projektes.

> *Eine Lehrerin: „Und dann ist es natürlich fantastisch, die Kinder zu beobachten, wie die da mit offenem Mund sitzen und mit glühenden Augen und mitgehen. Das ist schon sehr, sehr schön. Wenn manche Kinder mal schlecht drauf sind, und wenn die dann total überdreht sind, wie die Erzählerinnen das einfach schaffen durch ihre künstlerische Art, eben diese Kinder zur Ruhe zu bringen. Dass sie sich so zurücknehmen und innere Ruhe finden."*

Besonderes Gewicht kommt dem Transfereffekt zu, der sich dabei einstellte: Im regulären Unterricht zeigten sich die Lehrer/innen verblüfft über die gewachsene Fähigkeit der Kinder, zuzuhören statt lediglich hinzuhören. „Hinhören", so eine der am Projekt beteiligten Lehrerinnen, „das tun sie. Das kennen sie von zuhause: ‚Mach das ..., lass jenes ..., hör auf ...' Hinhören und Abschalten, das ist der Alltag in den Familien. Aber jetzt kann man richtig sehen, wie sie beim Zuhören anfangen zu denken!" Zuhören als unabdingbare Voraussetzung schulischen Lernens – auch dies ist über Erzählen vermittelbar.

Die das Projekt steuernde Arbeitshypothese, dass das Zuhören die kindliche Sprachentwicklung entscheidend beeinflussen kann, wurde durch vielfältige verbale Rückmeldungen, Einwürfe, Ergänzungen der Kinder bestätigt. Zuhören erwies sich als aktiver Spracherwerb; Sinnkonstitution und Sinnverständnis erfolgten beim Zuhören durch das Ineinander von Erkennen, Empfinden und Werten.

Ein Beispiel:

> *Kerstin Otto gebrauchte in der Geschichte ‚Vom dummen Wolf' verschiedene Formulierungen, um zu beschreiben, wie der schlaue Fuchs den dummen Wolf an der Nase herumführt. Die Kinder, die für derartige Vorgänge bisher nur die Formulierung ‚jemanden verarschen' kannten, lernten im Kontext der Erzählung ohne ausdrückliche Erklärung, was die metaphorische Umschreibung bedeutet und versuchten sich selbst in entsprechenden sprachlichen Wendungen. So formulierte ein Junge:*
> *„Er hat ihn auf der Nase ausgetrickst. War der sauer!"*

Mitunter ergaben sich kuriose Missverständnisse. So identifizierten die Kinder einen ‚Müller' als den ‚Mann, der den Müll runterbringt'; eine Mühle ist das Haus, in dem der Müllmann wohnt; Kohle übersetzten sie sich mit ‚Cola' und waren bass erstaunt, dass man damit einen Ofen heizen kann. Die ‚Spree' wurde für sie zu ‚Spray', die Donau zu ‚Döner'. Was ist eigentlich ‚Hölle', was bedeutet ‚Argwohn', wohin geht der Prinz, wenn er in eine ‚Kammer' geht, welche ‚Kunde' wird verbreitet, was ist ‚segnen', was ist eine Ziege? Das sind einige der Irritationen, die in den Erzählstunden auftauchten, aber in den seltensten Fällen direkt erklärt wurden. Am Ende der Geschichte hatten die Kinder in der Regel ohne explizite Erklärung Verständnis für die Bedeutung und Verwendung des neuen Wortes entwickelt. In den besten Fällen benutzten sie es selbst, wenn sie die Geschichte nacherzählten.

In einigen Fällen lösten unbekannte Wörter auch Gespräche aus, in denen ihre Bedeutung diskutiert und geklärt wurde. So führte eine Geschichte über Leiden zu der Frage eines Kindes: „Was ist denn Leiden noch mal?" Ein Junge erwiderte: „Wenn man sich so quält." Worauf ein anderes Kind zu bedenken gab: „Aber leiden heißt doch mögen!"

Unklarheit löste pikanterweise der Begriff ‚Armut' aus. Mehrere Kinder kannten das Wort nicht bzw. hielten es für die türkische Übersetzung des Wortes ‚Birne'. Ein Junge meinte: „Das ist doch ne Krankheit, glaub ich", und ein anderer Junge: „Wenn man nix zu essen hat."

Unbekannte Schlüsselbegriffe, die für das Verständnis der Geschichte zentrale Bedeutung hatten, wurden mitunter vor dem Beginn der Geschichte erläutert. Die wiederholte Begegnung mit den neuen Begriffen im Verlauf der Geschichte und ihre Verwendung in unterschiedlichen Zusammenhängen festigte sie im Gedächtnis der Kinder.

Oft ersetzten die Kinder unbekannte Worte in ihren Nacherzählungen durch bekannte, wodurch deutlich wurde, dass sie den Sinn des Wortes im Kontext erfasst hatten. Aus einem Fass wurde eine Tonne, aus einem Jahrmarkt ein Flohmarkt, aus Kleie Kuchen, aus dem Riesen ein großer Mann, aus dem Zaren ein König, aus dem Acker ein Garten oder eine Wiese. Auffällig oft suchten die Kinder jedoch das bestimmte Wort, welches ihnen vom Zuhören noch im Ohr war.

Im folgenden Beispiel versuchen zwei Kinder eine russische Geschichte nachzuerzählen, in welcher die Erzählerin die schwer verständliche Bezeichnung ‚Bojarensohn' gebrauchte. Während R. nach dem unbekannten Begriff sucht, erfindet F. eine für ihn verständliche neue Formulierung:

R. (Libanon): Dann hat der gesagt ... Den Baby so geschaukelt. Hat der gesagt: „Schlaf! Schlaf!" (Das Mädchen überlegt lange, sucht nach einem bestimmten Wort). „Ist der Hexe gekommen, hat gesagt: „Du sollst so sagen!" (Pause) Der Name ist schwer.
CW (Christiane Weigel): Bojarensohn sollte er sagen.
R.: Ja. Ist wieder der Hexe gekommen und hat gesagt: „Du sollst: Schlaf, schlaf Bojarensohn, sagen!"

F. (Mazedonien): Sie hat immer gesagt: „Schlaf, mein kleines Söhnchen! Ist die Hexe gekommen. Du sollst nicht sagen: „Schlaf, mein Söhnchen! Du sollst sagen: Schlaf, mein Baba-Jaga-Sohn!"

Aus den Worten einer weisen Alten in einem Märchen: „Ich lebe schon viele, viele Jahre, doch nie hat mich jemand so freundlich gegrüßt" formt ein Junge in seiner Nacherzählung: „Jemand hat mich so nett angegrüßt." Aus: „Ich sah Eichenwälder wachsen und vergehen" wird mit seinen Worten: „Dann wächst etwas und dann wieder nicht."

Schöne Beispiele für die Deutung einer Geschichte durch die Kinder lieferten die Nachgespräche zu der afrikanischen Geschichte *Die Welt geht unter*. Alle Kinder erzählten diese Geschichte, bei der ein Hase wegen einer herabgefallenen Kokosnuss glaubt, die Welt ginge unter, problemlos und mit viel Freude nach. Auf die Frage, was die Formulierung, die Welt geht unter, bedeute, kamen Antworten, welche die Geschichte in einen neuen Bedeutungszusammenhang stellten.

CW: Was meinst du denn, was bedeutet ‚Die Welt geht unter'?
B. (Türkei): Ich weiß nicht so genau. Ich glaube, dass die ganze Welt nach unten geht.
CW: Und was passiert dann?
B.: Ich glaube, dass dann alles weiß ist.

CW: Warum das?
B.: Wenn alles runter geht und von den Häusern die Farbe runter geht, dann ist es weiß, alles. Und von den Bäumen auch.

CW: Und was bedeutet das: Die Welt geht unter?
Y. (Türkei): Hier ist zum Beispiel das Welt. Die Welt geht dann ganz langsam so unter. Das Wolke war ganz Gewitter. Dann geht das Gewitter ganz nach unten und die Sonne auch. Dann kommt das ganze Welt wieder hoch.
CW: Und was ist mit den Menschen?
Y.: Die Menschen gehen dann woanders hin. Weiß nicht wo. Aber das hört sich schlimm an!

Kostbare Begegnung mit der eigenen Sprache

Werden die Kinder gefragt: „Wie sprechen wir im Unterricht?“, so lautete die eingeübte chorische Antwort: „Deutsch!“ Abgesehen von der in der Regel etwas größeren Gemeinschaft türkischer und arabischer Kinder waren die meisten Kinder mit ihrer Muttersprache in der Schule auf einsamem Posten. Gezwungen, sich in der meist nur mangelhaft erlernten deutschen Sprache zu verständigen, litten viele Kinder darunter, in der Schule ihrer ursprünglichen sprachlichen Identität beraubt zu sein.

Die Erzählerinnen bemühten sich zunehmend, die kulturelle und sprachliche Vielfalt der Kinder aufzugreifen und in das Erzählen zu integrieren. Dabei verwendeten sie zum Teil erhebliche Mühe darauf, Geschichten aus den teils exotischen Herkunftsländern der Kinder (z.B. Madagaskar) zu recherchieren und sich anzueignen. Wenn die Kinder plötzlich mit Vokabeln aus ihrer eigenen Sprache angesprochen wurden, ihre Muttersprache und die dazugehörigen Verse und Geschichten erkannten, entstanden wirkliche Glücksmomente. Diese resultierten sicher maßgeblich aus der Erfahrung der Kinder, dass ihre Muttersprache in der Schule unbekannt und unerwünscht war.

„Ist das von Russland? Ich bin Russland!“ rief der siebenjährige E., als in einer Geschichte die Baba Jaga auftauchte. Endlich einmal war er der Wissende und Eingeweihte, stand seine Sprache im Vordergrund des Geschehens.

Es wurde deutlich, dass die Erfahrung der sprachlichen Zurücksetzung nicht unerheblich dazu beitrug, dass Kinder das Zuhören und Lernen verweigern. So gab es einen ebenfalls russischen Jungen in einer Klasse, der monatelang die Erzählstunden massiv störte und die gesamte Klasse mit seiner Verweigerungshaltung in Aufruhr brachte. Als H. wieder einmal eine Erzählstunde sabotierte, forderte Kerstin Otto ihn auf, die von ihr erzählte russische Geschichte in seiner Sprache wiederzugeben. Nach anfänglicher Hemmung geriet der Junge mehr und mehr in konzentriertes Erzählen, während die restliche Klasse wahrscheinlich zum ersten Mal und höchst erstaunt ihren Mitschüler flüssig und wortgewaltig reden hörte. Als Folge wollten nicht nur alle anderen Kinder die Geschichte ebenfalls in ihrer Muttersprache erzählen, sondern H. war in den kommenden Stunden wie ausgewechselt, sein Interesse am Erzählen geweckt.

Insbesondere Kinder, die durch einen kurz zurückliegenden Wechsel von Heimat und Sprache noch verstört und sprachlich höchst hilflos dem Unterricht beiwohnten, konnten in den Erzählstunden mit Geschichten und sprachlichen Wendungen aus ihrem Heimatland berührt und in ihrer Aufmerksamkeit geweckt werden.

Empathie - wie Kinder als Zuhörer mitfühlen

Spontane verbale Äußerungen der Kinder, ihre Mimik oder Gesten, in denen sich aufgestaute Spannungen entluden, ließen die innerliche Beteiligung der Kinder am erzählten Geschehen sichtbar werden. Einzelne Kinder zeigten von Anfang an starke körperliche Reaktionen auf das Erzählte, und der Großteil entwickelte im Laufe des Projektes einen zunehmend mimischen und körperlichen Ausdruck von Empathie. Je stärker die Erzählerinnen in Tonfall, Gestik und Mimik Figuren lebendig werden ließen, desto auffälliger wurden diese von den Kindern aufgenommen und gespiegelt. Kinder ahmten die tiefe Stimme der Erzählerin als Sultan nach, schwenkten selbst als Kämpfer ein imaginäres Schwert in der Luft, zeigten in ihren Gesichtern Angst, Freude, Schmerz oder Zorn der Protagonisten.

Die Entwicklung hin zu einer stärkeren verbalen Erzählbeteiligung der Kinder im zweiten Schuljahr führte außerdem dazu, dass die Kinder sich immer stärker in das Erzählen einmischten, Erzähltes kommentierten und sogar versuchten, unbekannte Geschichten mit der Erzählerin mitzusprechen. Ihre Kommentare machten deutlich, dass sie die Inhalte emotional mit durchlebten und sich in starker Weise mit den Protagonisten der Märchen identifizierten. Einige Beispiele:

> *Erzählerin: „Zum letzten Mal: Wirf meine Frau und meinen Sohn ins Feuer!" Ein Kind reißt die Arme hoch und ruft voller Angst: „Nein!"*
> *Erzählerin: „Der Wirt tauscht also heimlich - wie schon das Tüchlein - den Goldesel gegen einen gewöhnlichen Esel aus." Spontane Zurufe der Kinder: „Mann eh, voll gemein." „Er will immer alles klauen." „Lügner!" „Verräter!"*
> *Erzählerin: „Als der Teufel wieder eingeschlafen war, riss des Teufels Großmutter ein drittes Haar vom Kopf des Teufels." Ein Kind: „Oh nein! Nicht schon wieder! Sonst tötet er sie!"*

Die von den Erzählerinnen ausgewählten Märchen scheuten nicht vor der Darstellung von Grausamkeiten zurück. Wie reagieren Kinder darauf, deren Enkulturation zu einem Großteil durch Fernseh-, Video- und Computerkonsum bestimmt ist?

Zu Beginn des Projektes waren besonders die selbst erfundenen Geschichten der Kinder von Gewalt geprägt, wie oben beschrieben.

Allmählich gewannen auch die Bilder des Märchens Raum in ihren Köpfen. Ein erstaunlicher Befund stellte sich ein: Die Kinder, die beim Erzählen selbsterfundener Gewaltsensationen, Blut- und Racheorgien in ein ungezügeltes, aggressives Lachen ausbrachen, reagierten beim Anhören der im Märchen erwähnten Grausamkeiten gänzlich anders: Sie blieben gelassen, konzentriert. Keine Lacher, kaum körperliche Reaktionen. D.h. sie wehrten offensichtlich nicht durch frenetisches Gelächter eine emotionale Irritation (Überwältigung?) ab. Wie derartige affektive Prozesse tatsächlich ablaufen, bildet ein Forschungsdesiderat. Unsere Beobachtung legt die Annahme nahe, dass die jeweilige Rezeption auf zwei unterschiedlichen, voneinander getrennten Wahrnehmungs- und Verarbeitungsebenen stattfindet, und dass es zwischen beiden kaum Interdependenzen zu geben scheint. Die symbolische Darstellung scheint einer Art Schutzfunktion gleichzukommen. Vergegenwärtigt, in Bilder übersetzt wird vermutlich nur, was psychisch zu bewältigen ist. Das Symbol markiert die Schwelle zwischen Realität und Fiktion. Die Verlebendigung des Fiktionalen

lässt sich steuern; seine Macht kontrollieren. Die für die Narration obligatorische symbolische Darstellung trägt das Pharmakon ihrer Verdaulichkeit in sich.

Stärkung der Imaginationskraft

Wie oben erwähnt, hatten die Kinder anfangs große Schwierigkeiten, in die Bildwelt des Märchens einzusteigen, eigene Bilder im Kopf zu erzeugen und diese zu beschreiben. Phantasie ist ein Muskel, wie Ben Haggarty sagt, sie braucht Training und gute Nahrung. Bei vielen Kindern ist die Phantasie unter- oder einseitig ernährt. Die Märchenrezeption erwies sich als ideales Ernährungs- und Trainingsprogramm. Sie versorgt die Phantasie mit kräftigen, prägnanten Bildern. Sie aktiviert den Prozess der Entwicklung von Vorstellungen über Orte, Räume, Requisiten und Figuren, die nur bedingt dem Alltag zugehören. Diese Bilder haben Kontur, Farbe, Klang, Geruch, haptische Qualität, wenn sie imaginiert werden können. Die Erzählerinnen arbeiteten bewusst am ‚Projekt Phantasieentwicklung', indem sie den Kindern den Raum gaben, eigene Vorstellungsbilder im Detail zu beschreiben. Nach und nach entwickelten die Kinder großes Vergnügen am Imaginieren des Erzählten, an dessen kreativer Ausgestaltung:

Einige Auszüge aus den Interviews mit den Zweitklässlern mögen dies verdeutlichen:

M. (Deutschland) erzählt das russische Märchen ‚Väterchen Frost' nach:
Dann ist der Großvater (Väterchen Frost) gekommen mit die Kutsche. Die Kutsche ist wunderschön. Hellweiß und hat eine rote Tür, und sie hat ein weißes Pferd. Eine Feder oben drauf. Hat sie abgesetzt, und dann kam dieser Mann. Er hat einen weißen Bart und so ne helle Farbe. Dann ist der näher gekommen, und dann hat er gesagt: „Ist dir warm?" „Mir ist warm." Ist er näher gekommen: „Ist dir warm?" „Mir ist warm." Dann drittes Mal. Und dann hat er ihr kuschelige Sachen rein gemacht, und sie ist eingestiegen.
(Weder das Aussehen von Väterchen Frost, dem Pferd und der Kutsche, noch der Umstand, dass er in der Kutsche für das Mädchen ‚kuschelige Sachen' ausbreitete, waren von der Erzählerin erwähnt worden.)

J. (Belgien) erzählt ‚Maria Morewna' nach, ein äußerst komplexes, in sich verschachteltes Märchen:
Da waren dieser junge Prinz Ivan. Ist der mit seinen drei Töchtern in den Garten gegangen. Dann kam der eine Vogel, dann der Adler, dann der Rabe, haben die Töchter geheiratet. Ivan ist mit dem Pferd in die Welt geritten und hat eine Frau gesucht. Dann hat er die Krieger gesehen, die waren tot. Der eine hat noch gelebt und der hat gesagt: „Diese Frau hat uns alle umgebracht." Dann hat er das Zelt gesehen und die Prinzessin. Sie hat das Schwert gezogen und wollte ihn auch umbringen, aber er war zu wunderschön. Dann ist ein Tag vergangen, dann haben die geheiratet. Waren die in dem Schloss. Am nächsten Tag hat die gesagt: „Ich muss fort. Du kannst überall hin gehen außer in der einen Tür." Da ist er hin gegangen. Da hat es so gequalmt und war das heiß. War der eine da. Ich komm immer nicht auf die Namen, die sind so schwer. Der junge Prinz, der die geheiratet hat, hat einen Eimer mit Wasser geholt und ihm gegeben und dann noch einen und vier mal. Dann hat der die Ketten aufgerissen und ist geflohen. Hat er die Frau geholt und in sein Schloss gebracht. Ist der dahin. Hat die Frau gesagt: „Er ist mein Erzfeind. Du

kannst ihn nicht töten. Er ist zu stark." Dann sind sie geflohen. Kam er nach Hause und ist mit seinem Pferd ganz schnell hinterher geritten und hat die Frau mit genommen. Das war drei mal, und beim vierten Mal hat er ihn zerhackt, in ein Fass und ins Wasser geworfen. Dann hat er noch eine Spur hinterlassen: eine goldene Gabel, Messer, Löffel. Wurden die alle schwarz, und dann haben die Vögel, die verzauberten Prinzen, das gesehen. Sind die los gezogen. Der eine Bruder, der Adler, hat das Fass aus dem Wasser gebracht. Dann kamen die zwei anderen. Der eine hat das Tote des Meeres geholt und über ihn und seine Knochen wieder zusammengebracht. Der dritte Bruder holt das Leben des Meeres, und dann hat er gesagt: „Hab ich lange geschlafen." „Nein, du hast nicht geschlafen. Du warst tot. Der Mann hat dich in kleine Stücke gehackt." Er sagt dann: „Aber was kann ich nur machen, dass ich den besiegen kann?" Sagen die: „Das wissen wir auch nicht." Ist er zur Baba Jaga gegangen. Musste er die zwölf Pferde einsammeln. Da hat er die Vögel gesehen. Haben die Vögel ihm geholfen. Die Vögel haben die Pferde gepiekt, sind die zurückgegangen zur Baba Jaga. Am nächsten Tag haben die Löwen und die ganzen anderen Tiere geholfen. Dann sind die Pferde noch mal raus gerannt, und die Bienen haben ihm geholfen. Dann hat er sein schnelles Pferde bekommen. Ist er zum Schloss geritten, hat er sie geholt. Kam wieder der Mann, ist schnell hinterher gerannt. Ivan hat das Pferd von dem Bösen getötet, und dann haben sie ein Fest gefeiert und geheiratet.

Um diese Nacherzählung zu verstehen, muss man das Original kennen. J. begnügt sich vielfach mit ungenau formulierten Andeutungen („Da ist er da hingegangen"; „War der eine da"; „Ist er da hin" usw.). Diese flüchtigen Verweise lassen jedoch vermuten, dass er das Ganze wie einen Film vor sich sieht. Das in seiner Vorstellung ablaufende bildhafte Geschehen ist vermutlich um vieles prägnanter als das, was er verbal zu kommunizieren vermag. Aber fraglos ‚sieht' er die Vögel, die toten Krieger, den Kerker, in dem der Gegenspieler gefangengehalten und törichterweise befreit wurde, die zerrissenen Ketten, die Zaubergegenstände, die Baba Jaga, die hilfreichen Tiere usw. Er bleibt mit seiner Erzählung in dieser dramatischen imaginären Welt, die er aus den Worten der Erzählerin kreiert hat.

L. (Flandern, französischsprechend aufgewachsen) erzählt ‚Fischer Palunko' nach:
Ein Fischer. Der lernte eine Frau kennen. Die Frau hat dann ein Baby bekommen. Die Frau ging immer hoch, Kräuter und Petersilie zu holen. Dann ist sie zurückgekommen, und der Fischer hat drei Tage keine Fische mehr geangelt. Da kam eine Muschel hoch, die sagte: „Wünsch dir etwas! Wünsch dir etwas! Wünsch dir etwas!" Da hat er sich von Reichtum, goldenen Sand und so gewünscht, und dann verschwand die Muschel mit diesen Worten. Er ist nach Hause gegangen. (Es folgt die dreimalige Wiederholung der Begegnung mit der sprechenden Muschel.) Nachts hat er sich Brot ins Boot gemacht und ist losgefahren zu der großen Welle. Dann kam die Muschel wieder und hat gesagt, einmal mit Sturm, einmal mit den hohen Wellen und einmal mit den Blitzen. Dann kam der Fischer durch die drei Fluten. Da hatte er diese Pfeife, da kamen die Vögel. Dann war er durch die nächste Schlucht. Das war die mit dem Regen. Dann pfiff er wieder hinein, da kamen die kleinen Babyadlers. Die haben zu der Mutter gesagt: „Hör auf! Du machst das doch schon seit hundert Jahren." Da hat sie sich schlafen gelegt. Dann kam er in die Gewitterschlucht.
Da kamen wieder die Vögel und haben gesagt: „Lass das! Lass das! Lass das! Du machst das doch schon seit

hundert Jahren." Dann legte sich die große Biene schlafen. Dann ging es tief in die Unterfläche, und da landete er im Sand und spielte im Sand. Dann sah ihn der Seekönig. Dann sah er seinen Sohn in einer goldenen Wiege. Er sah aus wie ein Prinz und hatte einen goldenen Apfel in der Hand. Dann wollte er fliehen. Da lachte der Meerkönig immer mehr. Sagte der Meerkönig: „Spiel im goldenen Sand!" Der Fischer sagte: „Ich habe Hunger." Dann ließ der Meerkönig hinten einen ganz breiten Tisch aufstellen, und dann konnte er sich vergnügen mit Trauben und Hähnchen und allem Drum und Dran. Dann ging der Fischer ins Bett. Nachts ging er aus dem Bett raus und schleicht sich zu seinem Sohn und reißt ihm den goldenen Apfel aus der Hand. Nimmt er ihn und schwimmt mit ihm auf dem Arm nach oben. Dann konnte er nicht mehr, und da kommt seine Frau mit der Angel. Guckt sie, was da so schwer ist, und da sieht sie seinen Mann und den Sohn. Da fällt der Apfel aus der Hand, und der Sohn erwacht und sieht sie und lachte. Dann angelten sie jeden Tag Fische und essen die, und die Frau ging Kräuter sammeln, und der Sohn wurde immer größer.

L.s Schilderung ist hoch dramatisch. Sie scheint die ‚große Welle', die ‚Gewitterschlucht', die ‚drei Fluten', den Gang des Helden in die Unterwelt (‚Unterfläche'), das Gastmahl des Meereskönigs genau vor sich zu sehen. Die Verlebendigung des Geschehens macht sie zusätzlich durch den Wechsel der Tempi deutlich: Sie erzählt durchgängig in den Vergangenheitsformen, aber in dem für sie vermutlich dramatischsten Moment – der Rettung des Kindes – springt sie in die Gegenwart, um dann wieder ins Präteritum zurückzukehren.

Auch ihre Erzählung vermittelt den Eindruck starker, bewegter Bilder, die in ihrer Phantasie präsent sind. Mehr noch: Die Bilder dominieren uneingeschränkt den Erzählvorgang. Es gibt keine Begründungen, Erläuterungen, Kommentare. Dadurch werden mitunter Zusammenhänge oder Kausalitäten nicht deutlich. Der Erinnerungsvorgang wird primär über affektgeladene Bilder gesteuert – Bilder, die der Welt des Märchens entlehnt sind, die ihr (nach ihren eigenen Aussagen) vor dem Erzählprojekt gänzlich unbekannt war.

D. ist ein leistungsschwacher, deutscher Schüler, dem es schwerfällt, sich beim Zuhören zu konzentrieren. Dennoch interessiert er sich für die Geschichten. Er hat massive Sprachprobleme, stottert und braucht im Interview viel Zeit, um das gehörte Märchen zu erzählen. Er neigt zum Aufgeben und zur Selbstkritik, wenn ihm die Worte nicht über die Zunge gehen wollen. Er genießt es jedoch, viel Zeit zum Erzählen zu haben und ist sehr stolz, als er es am Ende geschafft hat, die Geschichte als Ganzes zu rekapitulieren.
Er erzählt ‚Der dumme Jemelja' nach:
D.: Ein kleiner Junge. Weiß nicht mehr, wie der hieß.
CW: Jemelja.
D. (lacht): Das ist wie ein Mädchenname. Sie haben immer die Arbeit gemacht, und er sollte dann immer so was auch holen. Hat er den Fisch gesehen. Aber ein dicken …
(Gemeinsam mit CW rekapituliert er den Zauberspruch ‚Auf des Hecht's Geheiß, so wie ich's wünsche, so sei's', beschreibt dessen Wirkung und fährt fort):
Dann standen alle Leute da und reißen den Mund auf. Die haben so gemacht (Er spielt es und findet es sehr lustig. Es folgen weitere Episoden in adäquater Folge. Der Ofen, der von selber bis zum Zarenpalast fährt, hat ihn sichtlich beeindruckt):
Ist er durch den Markt gefahren. Haben alle wieder sich aufgeregt. (Er spielt, wie Jemelja mit dem Ofen durch den Markt fährt. D.s Ofen hat einen Motor und ein Lenkrad.) Hätte er sich ein Auto wünschen können oder ein

Motorrad. Hat der Jemelja sich wieder was gewünscht. „Die Frau soll mich verlieben." Weiß nicht, wie die heißt.
CW: Meinst du die Prinzessin?
D.: Prinzessin. Prinzessin Wunderschön kann man auch sagen. Und denn ist er, der Zar, böse geworden.
CW: Warum ist der böse geworden?
D.: Weil er wollte, dass seine Tochter einen reichen und fleißigen Mann heiratet und nicht so einen armen und faulen Jemelja.
Dann ist der Ofen wieder durch den Markt gefahren. Haben sie dann immer sich so geärgert.
(Es folgt der Mordversuch des Zaren und die glückliche Landung des Paares auf einer Insel).
D.: Sie konnten auf eine Insel oder so Land oder so. Und dann hat der sich was gewünscht. So ein Schloss. Und dann kommt der Zar mit dem Segelboot wieder an, und dann hat der Junge sich wieder was gewünscht. Er soll den Schloss kaputt machen. Denn hat der Zar gesagt: „Nein, ihr könnt auch sogar mein Schloss haben." Und weiter nix.
CW: Jetzt hast du so toll erzählt. Könntest du dir denn vorstellen, auch mal in der Erzählstunde was zu erzählen?
D.: Nein. Ich stotter ja so.

Hier haben wir ein Beispiel dafür, wie die Phantasie die Bilder des Märchens transformiert in die Realität des Alltags. Der Ofen, der von selber fährt, wird zum Auto, das Schiff, mit dem der Zar zur Insel kommt, zum Segelboot – deutliche Anzeichen dafür, dass die Kinder im Laufe des Projektes gelernt haben, Worte in Bilder, Gehörtes in Imaginationen zu verwandeln.

An diesem Interview wird ein anderer Aspekt in der Entwicklung von Erzählkompetenz bei Erst- und Zweitklässlern deutlich. In ihren Erzählungen bleiben sie strikt bei der Mitteilung von Geschehensabfolgen. Begründungen für das Eintreten bestimmter Ereignisse, Motivationen für Handlungen oder Entscheidungen der Figuren, kausale Verknüpfungen von Ereignissen werden nur äußerst selten erwähnt. Dadurch entsteht mitunter der Eindruck des Fragmentarischen, des unverbundenen Nebeneinanders von Sequenzen, die nur derjenige als kohärentes Geschehen begreift, der die Geschichte kennt. Die Darstellung der Kinder bleibt konsequent auf der phänomenologischen Ebene.

Fragt man die Kinder jedoch nach motivationalen oder kausalen Verknüpfungen, dann geben sie darüber adäquat Auskunft. Erst über Nachfragen wird ihr Interesse an der Mitteilung eben dieser Verständnisebene geweckt. Erst in der Reflexion wird ihnen diese Ebene tatsächlich bewusst. Beim Erzählen hingegen richtet sich ihre gesamte Energie und Freude auf die Rekapitulation der Aktionen, die sie gleichsam vor sich sehen. Lediglich dann, wenn sie einen Ort, eine Figur, eine Situation als ungewöhnlich hervorheben wollen, wechseln sie zu detaillierteren Beschreibungen, die deutlich emotional getönt sind.

Gewachsene Märchenkenntnis

Mit Erstaunen registrierten die Lehrer/innen die Gedächtnisleistungen ihrer Schüler. Kinder, die sich im Unterricht die einfachsten Fakten und Sachverhalte nicht merken können, brillieren damit, noch nach Wochen bestimmte sprachliche und inhaltliche Details eines Märchens rekapitulieren zu können.

Eine Klassenlehrerin: „Da sind so viel Sachen hängen geblieben. Wenn Märchen vor langer Zeit erzählt worden sind, und die Erzählerinnen wiederholen es dann, da rufen sie: „Das kennen wir schon!“ Und dann können die das wiedererzählen, ganz genau. Da ist man wirklich erstaunt, wie stark hier die Merkfähigkeit ausgeprägt ist.“

Eine andere Lehrerin beobachtet, wie sich das Märchenerzählen auf die Phantasie der Kinder auszuwirken beginnt:

Ich habe das Gefühl, einige Kinder, die vorher überhaupt nichts wussten von Märchen, die kennen sich jetzt aus. Und wenn wir jetzt ein Lesestück haben und ich sage: „Wir lesen jetzt bloß bis zu einer bestimmten Stelle und ihr erzählt, wie es weitergehen könnte“, da kommen so viele Ideen, so viele! Ich denk dann, das hast du doch schon mal gehört! Ach ja, das kam doch in dem und dem Märchen vor! Das können die dann einbringen.

Am Anfang stand für die Kinder die überraschende Erkenntnis, dass im Märchen im Unterschied zum Alltag wundersame Dinge geschehen können und der sonst von den Erwachsenen streng überwachte Realismus und Wahrheitsglaube hier seine Geltung verliert. Zunehmend beschäftigte die Kinder das Verhältnis von Märchen und Wahrheit. So fragte ein Junge während des Märchens *Rotkäppchen* besorgt: „Tut das dem Wolf nicht weh, wenn der Bauch aufgeschnitten wird?“ Erzählerin: „Der schläft.“ Der Junge: „Aber wenn ich schlafe und man macht meinen Bauch auf, dann tut das auch weh. Davon stirbt man!“ Eine Diskussion über Märchen und Wirklichkeit flammte auf, die von der Lehrerin im regulären Unterricht aufgegriffen werden konnte.

In einer anderen Stunde äußerte ein Kind derselben Klasse nach einer besonders unglaublichen Geschichte, in der eine Katze eine Frau heiratet: „Es gibt drei Möglichkeiten. Erstens: Es ist wahr. Zweitens: Es ist nicht wahr, also gelogen. Oder drittens: Es ist erzählt, also erfunden.“

Im Verlauf des Projektes waren deutliche Entwicklungen im Verständnis narrativer Grundstrukturen, der Funktion des Wunders und der bipolaren Wertungsmuster des Märchens erkennbar. Die Kinder ahnten zunehmend Ereignisse voraus, erkannten das Prinzip der dreifachen Wiederholung als spannungssteigerndes Moment.

Erzählerin: „Er kommt beim Sultan an und hält um die Hand der schönen Chartz an.“ Ein Kind: „Ach, jetzt muss er erst drei Prüfungen machen!“

Erzählerin: „Er schlief bei einer alten Frau. Was er aber nicht wusste ...“ Ein Kind: „Ne Hexe!“

Erzählerin: „Und nun nahm er die Orange für die Jüngste aus seinem Beutel.“ Ein Kind: „Das war die Schönste bestimmt!“

Erzählerin: „Der König warf zweimal seine Orange auf den Schweinehirten.“ Ein Kind: „Er wirft noch ein drittes Mal!“

Besonders deutlich wird dieser Prozess im Vergleich zwischen Klassen, die erst kurz in das Projekt eingebunden waren, mit ‚erprobten' Zuhörern einer anderen Klasse.

Einige Beispiele:

> *Im Märchen ‚Der Teufel mit den drei goldenen Haaren' wirft der König den neugeborenen Jungen ins Wasser, um ihn zu vernichten. Auf die Frage der Erzählerin, was denn nun mit dem Kind geschehe, antworteten Kinder der neuen Klasse: „Vielleicht fällt es in ein Wasserfall." „Es stirbt." Die Kinder der im Märchen erfahrenen Klasse, die dieses Märchen noch nicht kannten, antworten auf die gleiche Frage: „Aber das war ein Glückskind!" „Der schwimmt, und dann sind da eine Alte und ein Alter." „Vielleicht wird es ein Strombaby." „Vielleicht wachsen ihm Flügel." „Vielleicht rettet ihn jemand!"*

In fast allen Geschichten, die die Kinder selbst erfanden, spielte das Wunder eine zentrale Rolle. Rasch hatten sie erkannt, dass ihnen das Märchen ein Mittel an die Hand gibt, die gelebte Realität zu korrigieren in Richtung auf das Wünschbare hin. Das Märchen ist Wunschdichtung per se. Es ist die ‚Antitragödie' (Kerényi) und wird so auch von den Kindern als Möglichkeit der Umkehrung der Wirklichkeit genutzt. „Das Glücksverlangen siegt, weil die Gefahren, die drohen, und die Aussichten, die winken, einer konsequenten Logik des Gelingens folgen" (Boothe, 2002, Klappentext).

Aus der Fülle der Beispiele sei hier ein selbst erfundenes Märchen eines türkischen Mädchens zitiert:

> *M. (Türkei): Es war einmal ein Mädchen. Das ging jeden Tag in den Wald und wollte Milch für die Familie holen. Sie waren arm. Die Mutter schimpfte immer mit dem Mädchen und schickte sie jeden Morgen in den Wald. Eines Tages hat sie einen Baum gesehen mit Früchten. Da nahm sie ein paar mit. Und nun sagte die Mutter jeden Morgen: „Geh in den Wald und hol Früchte!" Eines Tages gab es keine Früchte mehr im Wald. Die Mutter schlug das Mädchen. Da kam ein Prinz zu ihr ins Zimmer und fragte: „Warum weinst du?" Sie erzählte ihm alles, und er sagte: „Weine nicht, es wird alles wieder gut!" Der Prinz ist in den Wald gegangen und hat wieder Früchte und Milch gezaubert. Sie ging frühmorgens in den Wald und freute sich. Dann ging sie jeden Morgen dahin. Ende.*

Das familiäre Szenario, das dieses Mädchen entwirft, kann bitterer nicht ausfallen: eine skrupellose Mutter-Figur, der die Protagonistin hilflos ausgeliefert ist. Als jedoch die Not am größten ist, kommt der Prinz, und mit ihm verwandelt sich Unglück in immerwährendes Glück. Eine solche Konfiguration der Glückserfüllung kann die Nähe zu den Verheißungen der Werbung nicht verleugnen. Dennoch ist sie von dieser grundsätzlich verschieden: Sie ist auf Existenzielles gerichtet statt auf Glückssurrogate. In vielen Geschichten der Kinder finden wir in ähnlicher Weise ein familiäres Dilemma aufgelöst durch die Wirkung des Wunders. Damit wird das Märchen zur Schule des Möglichkeitssinns. Was ist, muss so nicht bleiben. Veränderungen gelingen vorerst im Reich der Phantasie: Armut, Liebesentzug, Arbeitslosigkeit und Hunger werden in bedrückenden Schilderungen thematisiert und über märchenhafte Phantasmen aufgehoben (s.u.). Die Realität dieser Kinder ist in diesen Geschichten ebenso präsent wie ihre Sehnsucht nach deren grundsätzlicher Veränderung.

Verfahren zur Entwicklung von Erzählkompetenz

Wie bereits erwähnt, verlagerten sich ab September 2006 die Proportionen innerhalb des Projektverlaufs zugunsten des Erzählens der Kinder. Dabei nutzten die Erzählerinnen verschiedene Verfahren als Impulsgeber. Sie ließen sich dabei vom Prinzip der Steigerung von Schwierigkeiten leiten, setzten also das jeweils kompliziertere Verfahren erst dann ein, wenn das vorherige deutlich sichtbare Erfolge gebracht hatte.

Im Verlauf des Projektes verschoben sich die Proportionen hin zum eigenen Erzählen der Kinder. Zunehmend wollten sie ihre Kennerschaft durch eigene Kreationen unter Beweis stellen.

Dabei erwies sich die Balance zwischen monologischen und dialogischen Anteilen in den Erzählstunden als nicht ganz unproblematisch. Die Erzählerinnen brauchten ein bestimmtes Maß an Zeit und Ruhe, um in den Fluss des Erzählens zu kommen, in dem sich das Märchen entwickeln und gestalten ließ. Andererseits sollten die Kinder stärker am Erzählen beteiligt werden. Manche Erzählstunden gerieten damit zum Kraftakt für die Erzählerinnen, weil die Kinder permanent mit eigenen Ideen und Kommentaren zu Wort kommen wollten. Je mehr Raum die Erzählerinnen den Kindern für eigene Beiträge einräumten, um so schwieriger war es im Anschluss, sie wieder fürs Zuhören zu gewinnen. Der Wechsel zwischen Interaktion und monologischem Erzählen blieb bis zum Ende eine Herausforderung, die mit unterschiedlichem Erfolg gelang.

Um die Schwelle zum selbstständigen Erzählen so niedrig wie möglich zu halten, knüpften die Erzählerinnen zunächst an den Alltagserfahrungen der Kinder an. Im September 2006 waren die Erinnerungen an die Sommerferien noch lebendig. So lag es nahe, beim Geschichtenerfinden darauf zurückzugreifen.

Die folgenden Beispiele aus einem Verlaufsprotokoll stammen aus einer zweiten Klasse. Die Klasse hatte bereits ein halbes Schuljahr an dem Projekt teilgenommen.

> *Zunächst beginnen zwei Kinder zaghaft mit Minimalgeschichten:*
> *Junge: Es war einmal ein Dorf. Da war ein Esel. Da bin ich drauf geritten.*
> *Mädchen: Es war einmal ein Flugzeug. Da bin ich drauf geflogen in die Türkei, und da war ein Meer, und da bin ich reingesprungen.*

Andere Kinder orientieren sich an diesen beiden Geschichten, und es folgt eine Reihe ähnlicher Erzählungen mit minimalen Variationen. Der märchenhafte Anfang hatte sich als Startsignal für eine Geschichte eingeprägt, aber die Phantasie bleibt – der Aufgabenstellung entsprechend – dem Alltagsgeschehen verhaftet. Dann erfolgt eine überraschende Wendung:

> *Mädchen: Es war einmal – ich hab einen Mann gesehen. Der aß einen Igel.*

Die Kinder lachen irritiert, fragen nach, ob dies tatsächlich geschehen sei, und das Mädchen zwinkert mit den Augen und gibt so zu verstehen, dass sie geflunkert habe.

Nun ist die Phantasie der Kinder geweckt, und sie vermischen Fiktion und Realität:

Junge: Es war einmal ein Hotel, und da war ein Hai drin!
Junge: Es war einmal in Italien. Da war ein Schwein. Er wollte mich auffressen.

Intuitiv hat dieser Junge ein spannungsauslösendes Moment, einen Konflikt in seine Geschichte installiert.

Auch das findet sofort Nachahmung:

Mädchen: Es war einmal ein Meer. Da habe ich einen Hai gesehen. Er wollte mich fressen. Ich bin so schnell geschwommen. Dann bin ich dahin gegangen, wo meine Mutter war, und da sind wir weggegangen.

Die Geschichte liest sich wie die Minimalvariante einer Abenteuergeschichte und ist nach deren Grundprinzipien aufgebaut: Exposition (Person, Ort, Handlungssituation), Komplikation (Bedrohung und reaktives Handeln), Lösung. Es lässt sich vermuten, dass die Kinder diese simple Verlaufsform, nach der in der Regel die Volksmärchen gebaut sind, im Zuhören so verinnerlichen konnten, dass sie ihnen nun zum kreativen Gebrauch zur Verfügung steht.

Diese Vermutung wird durch eine Vielzahl ähnlicher Beispiele bestätigt, so u.a. durch vier Geschichten von G. (Türkei), die sie innerhalb von fünf Monaten erzählte. Auch sie war im September 2006 bereits ein halbes Jahr am Projekt beteiligt:

08. 09. 2006: *Es war einmal in Österreich. Da bin ich Auto gefahren. Zum Supermarkt.*
09. 11. 2006: *Es war einmal ein schöner Tag. Da waren die mit dem Schiff rausgegangen. Die waren Piraten, und die waren fröhlich. Da war ein Wasserfall, da sind die runter gefallen. Da waren Elfen und andere schöne Sachen. Die Piraten haben das nicht geglaubt. Das ist das Ende.*
18. 12. 2006: *Es war einmal ein Haus, und da spukte es drin, und als ich rein kam, da war so ein Baumstamm, da war eine Eule drin. Die wollte mich fressen. Da hab ich die mit dem Baumstamm erschlagen, dann hab ich das vergraben. Dann kam ein schöner Prinz heraus, und den habe ich geheiratet.*
11. 01. 2007: *Ich habe noch eine Geschichte aus dem Kopf: Es waren einmal ein Mann und eine Frau, die waren ganz arm und wollten ein bisschen Geld haben. Der Mann fischte immer, und die Frau putzte. Als die Frau mal frische Luft schnappen ging, kam ein Mann geritten. Der gab ihr eine Tüte und sagte: „Da könnt ihr euch was wünschen, und es geht in Erfüllung. Aber leise und immer in die Tüte rein." Da wünschten sie sich alles und wurden reich und lebten in einem Schloss. Und von dem Geld haben sie allen Armen gegeben, und dann waren alle reich. Der Mann hat eines Tages einen Riesenfisch gefangen. Als er ihn aufschlitzte und öffnete, waren Goldstücke drin. Er sagt: „Wir nehmen die und machen daraus Geld." Das haben sie gemacht und allen anderen Geld gegeben, dass die auch was haben.*

Bereits in der zweiten Geschichte nimmt dieses Mädchen ein fiktionales Sujet auf – die Piraterie, das sich unvermittelt mit einem Märchenmotiv vermischt: Elfen als Schatzbewahrer. Die Konstruktion ist noch ungelenk und mutwillig, aber die Phantasie erprobt sich gleichsam schon an einer anderen Partitur.

In der 4. Geschichte triumphiert die für das Märchen (beinahe) obligatorische Wunscherfüllung und überformt die Kalamität des Alltags auf wunderbare Weise. Die Frau, die putzt, und der Mann, der fischt, sind erstaunliche Legierungen aus Realität und Märchen, und mit dem Auftauchen einer geheimnisvollen

Helferfigur wird nicht nur ein individuelles Dilemma gelöst, sondern die Glückserfüllung erweitert sich auf ‚alle Armen' – eine berührende Form kindlicher Utopie.

Im Laufe des Projektes wurde überdeutlich, dass Märchen eine ideale ‚Grundschule des Erzählens' darstellen. Die wiederkehrenden Muster, nach denen sie gebaut sind, werden in der Rezeption rasch verinnerlicht und stehen den Kindern zum kreativen Gebrauch zur Verfügung. Solcherlei narrative Orientierungsmuster sind von der Kinderliteratur nicht unbedingt zu erwarten. Kinderbücher sind Unikate, folgen je eigenen narrativen Strukturen. Das Märchen hingegen ist schemagebunden und stellt damit ein Instrumentarium zur Verfügung, das das Erfinden von Geschichten ungemein erleichtert. Seine strukturelle Stereotypie erweist sich als eine Art Handwerkszeug, um Phantasien zu organisieren und einen stringenten Handlungsverlauf zu entwerfen. Die formale Gebundenheit des Märchens gibt Sicherheit im Erfinden fiktiver Welten. Es ist anzunehmen, dass auf der Grundlage der damit erworbenen narrativen Kompetenzen nachfolgend die Fülle narrativer Verfahren, die auch in die Kinderliteratur Einzug gehalten haben, erfolgreich vermittelt werden können. Das Märchen steht am Anfang, nicht am Ende des Weges in die (experimentelle) Kinderliteratur und Literatur insgesamt, und dort ist es als fruchtbarer Boden unverzichtbar.

Interaktives Erzählen

Vielfach verwendeten die Erzählerinnen repetitive Formen des Spracherwerbs. Sie ließen wiederkehrende Verse und Reime von den Kindern mitsprechen, nachsprechen, voraussprechen, und dies führte (fast) immer dazu, dass die Kinder die mitgesprochenen Formulierungen im Anschluss selbstständig wiederholen und erklären konnten.

Deutliche Wirkungen zeigte die Arbeit mit Wortspielen verschiedenster Art. So wurde z.B. die von Franz Fühmann übernommene Geschichte[8] vom Reh am See, welches den Klee im Schnee aß, also das ‚Schneeseekleereh', für Sabine Kolbe zum Ausgangspunkt, um mit den Kindern eigene Reimgeschichten zu erfinden. Das Reimen machte den Kindern nicht nur viel Spaß, sondern erleichterte es ihnen auch, neue Wörter auszusprechen und sich einzuprägen.

In gleicher Weise lustvoll erlebten die Kinder den Umgang mit Kettenmärchen. In diesem Genre wird kurz ein Anfangskonflikt etabliert, dann folgen sukzessiv nacheinander kurze Episoden von geringer Variabilität. Jeweils wird das Ganze von Anfang an wiederholt und damit um je ein neues Kettenglied verlängert. Die Kinder haben dieses Reihungsprinzip schnell durchschaut und sprechen die Einzelepisoden mit, schneller und schneller werdend, am Ende beinahe außer Atem. Da sich diese Märchen bei den Kindern besonderer Beliebtheit erfreuten und ihrem Drang nach Partizipation entgegenkamen, wurden sie vielfach am Ende einer Erzählstunde wiederholt. Diese Kettenmärchen weisen eine starke Rhythmisierung auf und evozieren körperliche Begleitbewegungen. Durch dieses Ineinander von sprachlichem und motorischem Memorieren wird die Verankerung im Gedächtnis nachhaltig unterstützt. Auch hier lernten die Kinder Begriffe, Formulierungen und Wendungen kennen, die in der Umgangssprache kaum oder keine Verwendung finden, die ihnen jedoch im weiteren Verlauf zum aktiven Gebrauch zur Verfügung standen.

Häufig wurden wiederkehrende Dialoge in einer Geschichte in szenische Interaktionen mit den Kindern umgewandelt. So mussten die Kinder in der Geschichte vom Weltuntergang jeweils zu ihrem

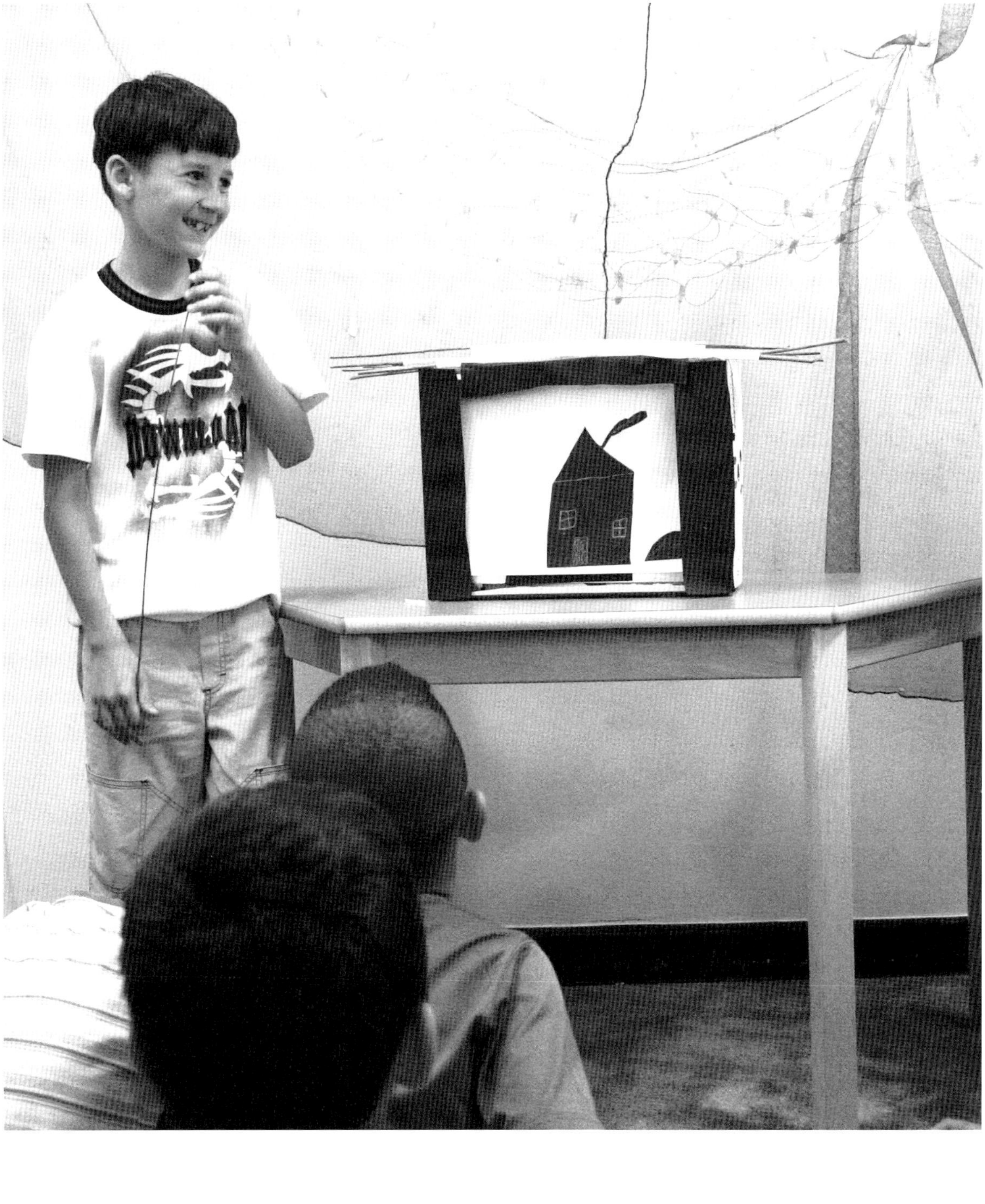

Nachbarn/ihrer Nachbarin hin rufen: „Ich hab's nicht gesehen. Er/Sie hat's gesehen!", woraufhin dieser/diese seine/ihre Unschuld beteuern und das nächste Kind beschuldigen musste. Derartige kleine Mitspiel-/Mitsprechaktionen bereiteten den Kindern sehr viel Freude. Die Verse konnten im Laufe des Projektes komplexer gestaltet werden. Die Interviews mit den Kindern zeigen, dass derartig spielerisch erlernte sprachliche Wendungen zum Bestandteil ihrer selbst erfundenen Geschichten wurden, sich also fest in ihrem Gedächtnis verankert hatten.

Gemeinsam Geschichten erfinden

Als besonders ergiebig erwies sich ein Verfahren, bei dem die Erzählerinnen einen Anfang vorgaben, der märchennahe Phantasien auslöst, und aus dem die Kinder gemeinsam mit der Erzählerin eine Geschichte entwickelten. Die Erzählerin griff nur dann ein, wenn die Geschichte durch ein Übermaß an Wiederholungen oder Nebenhandlungen an Spannung verlor oder wenn sich die Handlungsstränge heillos zu verwirren drohten. Im Wechsel von Lenkung durch die Erzählerin und freiem Phantasieren der Kinder entstanden komplexe Geschichten, die in Struktur, Motivik und Ikonografie aus dem reichen Schatz der erinnerten Märchen schöpften. Mit diesem ‚Recycling-Verfahren' wuchs das Vertrauen der Kinder in ihre eigene Erzählkompetenz und die Freude am inspirierenden Miteinander beim Erfinden neuer Geschichten.

Ein Beispiel für eine auf diese Weise entstandene Erzählung:

> *Vorgabe von Kerstin Otto: Es war einmal ein Junge, der ging in den Wald. Dort begegnete ihm ...*
> *Die Kinder ergänzen den Anfang gemeinsam wie folgt: Ein Junge ging in den Wald und wollte Holz fällen. Da begegnete er einem kleinen Zwerg. Der Zwerg sagte: „Das ist mein Wald. Du darfst hier nicht Holz fällen. Nur wenn du mir, dem Zauberzwerg, ein Geschenk mitbringst." Da lief der Junge nach Hause und holte eine goldene Kette, denn er war reich. Da gab ihm der Zwerg ein Goldstück. Von nun an durfte der Junge in dem Wald Holz fällen. Eines Tages traf er wieder den Zwerg, und dieser stand neben einem Stein. „Dies ist ein Zauberstein", sagte der Zwerg, „und du darfst ihn nicht berühren, sonst wird der böse Zauberer daraus befreit." Denn in diesem Stein war ein böser Zwerg verschlossen. Aber der Junge war so neugierig, und eines Tages ging er zu dem Stein, lief dreimal darum, und dann öffnete sich dieser in der Mitte, und heraus zischte ein kleines rotes Männchen und rief: „Haha, jetzt bin ich befreit!" Dann flog es in die Luft. Es richtete überall in der Welt Unheil an und großes Chaos, und Dunkelheit kam über die Welt. Da gab der gute Zwerg dem Jungen ein fliegendes Pferd, das sich in ein Eisenpferd verwandeln konnte, einen Zaubermantel, der unsichtbar machte, und eine Zaubermütze, die, einmal aufgesetzt, nicht mehr zu entfernen war. Damit ausgestattet, ging der Junge auf die Suche nach dem bösen Zwerg. Dieser lebte in einem kleinen Wald. Der Junge schlich sich in seinem unsichtbaren Mantel an, als der böse Zwerg schlief, und setzte ihm dann schnell die Mütze auf.*

Da die Erzählerinnen beobachteten, in wie starkem Maße sich die Kinder beim Erzählen gegenseitig inspirierten, gingen sie immer öfter dazu über, die Klassen in Kleingruppen von drei bis vier Kinder zu teilen und diese gemeinsam Geschichten erfinden zu lassen.

Gliederung der Geschichte
Da ein Großteil der europäischen Volksmärchen nach dem Schema des klassischen Dramas aufgebaut ist (Exposition, auslösendes Moment, aufsteigende Handlung/Komplikation, Klimax/Höhepunkt, retardierendes Moment, Lösung),[9] nutzten die Erzählerinnen diese strukturelle Isomorphie, um die Komplexität eines Märchens für die Kinder fassbar zu machen und den Erzählvorgang zu strukturieren. Im Anschluss an ein erzähltes Märchen rekapitulierten sie nochmals gemeinsam mit den Kindern den Handlungsverlauf und unterteilten ihn in fünf oder in drei ‚Akte'. Durch diese Segmentierung wurden die Geschichten überschaubarer und damit auch besser memorierbar. Jedes Kind wählte im Anschluss an diese Repetition einen ‚Akt', den es besonders interessant fand, aus und malte dazu ein Bild. Anschließend wurden die Bilder wie in einem Storyboard zusammengesetzt, und die Kinder konnten das Märchen bildgestützt nacherzählen.

Mit Begeisterung beantworteten die Kinder die Aufforderung der Erzählerinnen, aus Bananenkisten ein japanisches Kamishibei[10] zu bauen und die Bilder für dieses Erzähltheater selbst zu malen bzw. mit Collagetechniken anzufertigen. Die Bilder stützten die Erinnerung und halfen den Kindern, die Geschichte als Ganzes zu rekapitulieren. Der Zuwachs an Erzählkompetenz, vor allem aber auch an Selbstvertrauen war bei der Präsentation vor der Klasse deutlich zu spüren.

Bildgestütztes Erzählen
Nachdem die Kinder auf diese Weise mit den Verlaufsformen des Märchens gut vertraut waren, setzten die Erzählerinnen bildgestützte Verfahren ein. U.a. legten sie den Kindern Märchenkarten vor, aus denen sie jeweils drei ziehen konnten, und zwar blind, also dem Zufallsprinzip folgend, um stereotypen Auswahlkriterien entgegenzusteuern. (Mädchen favorisieren erfahrungsgemäß Prinzessinnen, Pferde und Geschmeide, Jungen Kampfrequisiten und dämonische Gestalten.) Auf den Abbildungen fanden sich Personen, Orte, Tiere oder Gegenstände. Mit ihrer Hilfe sollten die Kinder ein Märchen erfinden.

Fiel es den Kindern zunächst schwer, die drei Motive zu einer schlüssigen Geschichte zu verknüpfen, so lernten sie doch verblüffend schnell, fantasievolle und folgerichtige Brücken von einer Karte zur nächsten zu schlagen.

> *M. (Palästina): Es war einmal ein Gebüsch (Karte) und ein Baum. Und da ist noch ein Weg, da kann man langlaufen. Im Gebüsch drin ist ein Fuchs. Vorbei kommt ein Pferd (Karte). Der Fuchs springt raus und rennt hinterher. Dann zieht das Pferd ein Hemd (Karte) an. Das war ein Zauberhemd. Dann kommt der Wolf. Der läuft dem Fuchs hinterher. Das Pferd rennt nach Frankreich in seinen Stall.*
>
> *N. (Türkei): Es war einmal eine Königin (Karte), die war reich. Da kam ein Mädchen, das war arm, hatte kein Geld und kein Essen. „Darf ich ein bisschen von deinem Essen haben?" fragte das Mädchen die Königin. Die Königin sagte: „Ja." Sie nahm das Essen und aß. Danach sagte sie: „Danke für das alles!" Da kamen ihre drei Brüder (Karte), und die sagten: „Schwester, was macht du hier?" „Ich habe gegessen." „Wir wollen auch essen." Und sie aßen auch. Danach sagte die Königin: „Das reicht jetzt. Sonst habe ich ja selbst nichts mehr." Gingen sie raus, sagten: „Danke!" Dann können die nicht mehr rüber gehen. Sehen sie eine Brücke (Karte). Das Mädchen fällt um, und die Brüder heben sie hoch und gehen weiter.*

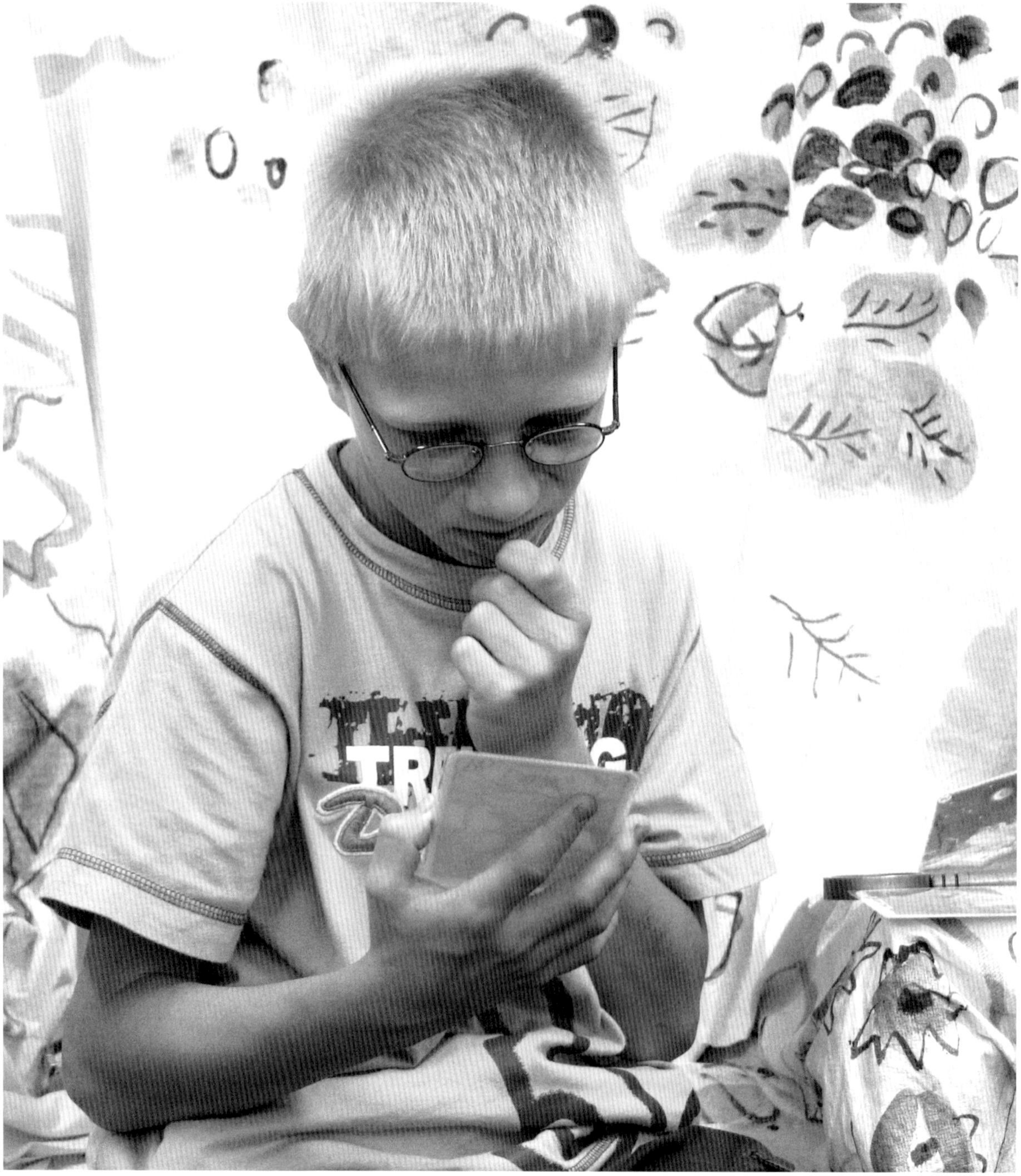

W. (arabisch): Es war einmal die Märchenprinzessin (Karte) und ein Mann, der wollte sie heiraten. Aber sie wurde in einem Wald (Karte) von einem unbezwingbaren Drachen bewacht. Der Mann ging zu dem Wald, um mit dem Drachen zu kämpfen. Aber als er dort an der Stelle ankam, waren der Drache und die Prinzessin gar nicht dort. Der Mann versteckte sich und wartete. Sie waren spazieren gegangen. Als sie zurückkamen, wollte der Drache den Mann töten, aber die Märchenprinzessin rief: „Nein!" Die Märchenprinzessin hatte sich nämlich auch in den Mann verliebt. Da fragte er sie, ob sie seine Frau werden wolle, und sie sagte: „Ja!" So wurde er der Märchenmann.

V. (Libanon): Es war einmal ein König (Karte), der lebte allein. Einmal ging er aus und sah eine Perle (Karte). Die lag im Wasser in einem See. Er macht sie auf und hatte drei Wünsche. Er wünschte sich eine Frau, und schon war sie da, Kinder – ein großer Junge und drei kleine Mädchen – und ein Auto, einen Ferrari. Danach fährt er zum Brunnen (Karte), holt sich Wasser und trinkt. Kam ein Frosch, und er wollte bei ihm leben. Aber er wollte das nicht. Der Frosch sagte: „Ich erfüll dir alle deine Wünsche." Er wünscht sich, dass der Frosch zur Putzfrau wird. Danach arbeitet der Frosch alles, was der König und seine Frau sagen. Danach war die Frau schwanger, bekommt ein Junge und drei kleine Mädchen. Der Junge wächst ganz schnell, ist in einer Minute ganz groß. Kam der Drache, wollte ihn töten. Er nahm die drei kleinen Schwestern mit. Der Bruder trainierte, bis er ganz stark war, dann besiegte er den Drachen. Die drei kleinen Mädchen wachsen zu Frauen. Ende.

Variationen erzählter Geschichten

Die Unbefangenheit, mit der die Kinder Märchenmaterial ‚recycelten', also zu neuen Geschichten zusammensetzten und dabei schlüssige Handlungsverläufe und Motivationen entwickelten, gab den Anstoß für ein Verfahren, in dem die Kinder Varianten eines erzählten Märchens erfinden sollten. So wurden sie z.B. aufgefordert, einen männlichen Protagonisten durch eine weibliche Hauptfigur zu ersetzen.

Marietta Rohrer-Ipekkaya erzählt das russische Märchen ‚Schneeflöckchen'. Anschließend fordert sie die Kinder auf, die Hauptfigur – ein Mädchen – durch einen Jungen zu ersetzen. Sie teilt die Kinder in geschlechtshomogene Dreiergruppen auf.
Eine Jungengruppe entwickelt folgende Geschichte:
Der Junge geht durch den Wald und sieht ein Haus auf einem Hühnerbein. Er geht ins Haus und fragt die alte Hexe nach Arbeit. Sagt sie: „Na gut!" Hat er alles falsch gemacht. Ist er wieder rausgegangen. Ist er zu einem Mann gegangen und hat gefragt: „Hast du Arbeit?" Der Mann sagt: „Nein." Ist er weggegangen. Ist ein Löwe gekommen und wollte ihn fressen. Er hat ein Messer, und er hat ihn damit getötet. Ist noch ein Löwe gekommen, wollte ihn fressen. Hat ihn geschluckt, und dann haben sie den Löwen aufgeschnitten und Steine rein getan und wieder zugenäht. Geht zum Brunnen, trinkt Wasser und fällt runter und ist tot.
Ganz anders fällt die Erzählung einer Gruppe von Mädchen aus: Der Junge sollte in die Schule gehen, hat aber Schule geschwänzt. Hat er draußen drei Schäfchen gehört. Das waren noch Babys. Hat die ins Haus geholt, ihnen Fressen gegeben und sie schlafen gelegt. Kam die Hexe: „Was hast du mit meinen Schäfchen gemacht?" Sie holte die Schäfchen wieder zu sich. Er geht nach und guckt, was sie mit den Schäfchen

macht. Hat ins Hexenhaus geguckt. Die Hexe hat den Schäfchen Milch aus der Flasche gegeben. Die Milch war von der Mutter von den Drei. Danach haben die Drei getrunken, im Garten Gras gefressen, Pipi gemacht. Danach ging der Junge wieder in einen Wald. Hat noch andere Schäfchen gefunden. Kam wieder die Hexe: „Was hast du mit meinen Schäfchen gemacht?" „Das sind aber nicht deine Schäfchen!" Sagt die Hexe: „Na gut! Du kannst die noch einen Tag behalten, aber dann hole ich die!" Am nächsten Morgen kommt die Hexe wieder: „Gib mir meine Schäfchen!" Der Junge hat die im Schrank versteckt. „Welche Schäfchen?" fragt er ...

Hier führen uns die Kinder in frappierender Deutlichkeit vor, wie stark die Phantasie durch geschlechtsspezifische Stereotype gelenkt wird. Die Gruppe der Jungen unterstellt der männlichen Hauptfigur ‚männliches' Handeln – Arbeitssuche (!), kämpferische Auseinandersetzung, die Mädchen hingegen ‚weibliche' Aktivitäten – Pflege als prosoziales Handeln. Dies scheint darauf hinzuweisen, dass Identifikationsprozesse nicht primär über das Geschlecht der Protagonisten, sondern über deren Handeln generiert werden – ein brisanter Befund, der in weiterführenden Untersuchungen geprüft werden sollte.

Erzählen mit Requisiten

Kindern helfen Requisiten in besonderer Weise, sich vor einem Publikum zu präsentieren. Sie fühlen sich nicht gänzlich allein, haben ein stützendes Etwas in den Händen. Wenn die Hände etwas festhalten, so gibt das inneren Halt. Aufregung oder psychische Spannungen werden über die Bewegung der Hände gleichsam ‚abgeleitet'. Die Requisiten erweisen sich als eine Art Blitzableiter, zugleich aber auch als ‚Partner', über den man mit den Zuhörern unbefangener kommunizieren kann.

Der Aufforderung der Erzählerinnen, besonders kostbare Gegenstände von zuhause mitzubringen (in Absprache mit den Eltern), die in einem Zusammenhang mit einer erzählten Geschichte stehen könnten, kamen die Kinder gern nach. Sie waren stolz, ihre ‚Schätze' zu zeigen, erzählten Geschichten dazu und verwendeten sie dann für die Rekapitulation ausgewählter Märchen.

Die Erzählerinnen entzündeten die narrative Phantasie der Kinder, indem sie besonders prägnante und/oder ästhetisch anspruchsvolle Objekte zur Verfügung stellten. Goldene Schlüssel, ein Spinnrad, ein kostbares Seidentüchlein, eine silberne Kanne usw. Solche Gegenstände tragen die Spuren gelebten Lebens in sich. Sie sind Geschichtentresore, die aufgeschlossen und ‚zum Reden gebracht' werden wollen.

Die Wirkung solcher gegenständlicher Impulse sei an folgendem Beispiel verdeutlicht:

Kerstin Otto erzählt die an Goethes *Schatzgräber* erinnernde Geschichte *Die drei faulen Söhne*:

Ein Vater lässt seine faulen Söhne am Sterbebett wissen, dass im Garten ein Krug mit Gold vergraben sei. Nach seinem Tod graben die Söhne den Garten um, ohne das Gold zu finden. Sie entschließen sich nach langem Hin und Her, auf dem Boden Wein zu pflanzen, um die Arbeit nicht gänzlich umsonst getan zu haben. Mit dem Wein verdienen sie einen Topf voll Gold. „Seht ihr", sagt der älteste Sohn, „unser Vater hat nicht gelogen!"

Sie teilte die Klasse in Kleingruppen und gab jeder Gruppe einen andersfarbigen, kostbar funkelnden Stein mit der Aufgabe, eine Geschichte zu erfinden, in der eben dieser Stein vom Vater auf dem Sterbebett seinen drei Söhnen übergeben wird. Was geschieht nun, nachdem er gestorben ist?

Sie wurden reich und haben alles gekauft. Danach haben die einen Prinzen gefunden. Hat sich in die Prinzessin verliebt vom jüngsten Bruder. Die wollten das Mädchen nicht rausgeben, die Brüder. Der Prinz wollte das Mädchen aus dem Schloss rauben, aber das Mädchen ist weggerannt. Der Jüngste und der fremde Prinz haben gekämpft: Wer gewinnt, kriegt die Prinzessin. Der Jüngste gewinnt. Dann kommt ein Drache, der will die Prinzessin vom ältesten Bruder. Nimmt sie und fliegt mit ihr fort. Die anderen verfolgen ihn. Sie gehen zu seiner Höhle. In der Höhle waren viele geklaute Mädchen. Die Könige kämpfen gegen den Drachen. Der Jüngste hatte Angst und rennt weg. Da konnten die Brüder nicht siegen, weil sie nur zu zweit waren. Als der Drache schlief, haben sie die Prinzessin geklaut. Dann kämpfen sie zu dritt und besiegen den Drachen. Und dann heiraten sie die Prinzessinnen.

Das Haus wird verflucht, und es kommt ein Geist. Der legte noch mehr goldene Steine hin, und zwar genau so viele, wie Menschen in dem Haus lebten, und alle werden zu Geistern. Und so wird das ganze Dorf verflucht. Alle sind Geister, außer den drei Kindern. Diese werden immer größer, und eines Tages wollen sie die Geister bekämpfen. Sie haben mit Mehl geworfen, und dann konnte man die Geister sehen. Dann haben sie die Geister mit einem goldenen Schwert getötet. Das hatten sie vom Vater bekommen. Danach verwandelten sich alle Leute wieder in Menschen, und sie werfen die Steine ins Wasser. Im Wasser wurden die Zaubersteine zu normalen schwarzen Steinen, und so gab es keine goldenen Steine mehr. Das Wasser wurde schwarz, und niemand konnte von dem Wasser trinken. Die Steine wurden im Wasser zu Asche.

Zuerst haben sie gegraben, und dann hatten sie so tief gegraben, dass sie reingefallen sind. Da haben sie ein Schloss entdeckt, das viel Gold hatte. Das bewachte ein Drache. Dann haben sie ihn angegriffen und getötet. Aber da kamen zwei neue Drachen. Die haben sie auch getötet, und dann kamen noch drei Drachen. Die haben sie auch getötet. Dann sind sie ins Schloss gegangen. Da war ein König, und der hat gesagt: „Gut habt ihr das gemacht! Hier ist euer Schatz." Ende.

Vorbereitete Geschichten erzählen

Der zunehmenden Begeisterung der Kinder, selbsterfundene Geschichten vor der Klasse zu erzählen, kamen die Erzählerinnen mit der Aufforderung entgegen, sich zuhause eine Geschichte auszudenken und diese in der Erzählstunde zu präsentieren. Um die Phantasie der Kinder anzuregen, sollte die Geschichte keine Nacherzählung eines in den Erzählstunden gehörten Märchens sein.

An drei Beispielen sei demonstriert, in welchen Extremen sich die Phantasie der Kinder bewegte:

F. (Mazedonien): Da war so eine Schule. Alle wünschten sich, dass die Schule explodiert. Einer schreibt an die Tafel: Lieber Weihnachtsmann, zünde unsere Schule an. Leg eine Bombe, damit sie explodiert.

A. (Ghana): Es waren einmal zwei Mädchen, die sahen gleich aus. Die Eltern haben sich gestritten, und dann haben sie sich getrennt. Die kleine Schwester kannte nie den Vater, weil sie bei der Mutter war, und die große Schwester kannte nie die Mutter, weil sie bei dem Vater gelebt hat. Eines Tages waren die in einem Zimmer, haben sich Fotos gezeigt. Da haben die gesehen, dass sie Schwestern sind. Dann haben sie die Eltern zusammengebracht.

N. (Türkei): Es war einmal ein Mädchen. Sie war ... sie putzte. Sie war arm. Seine Mutter hatte sie immer viel Arbeit gemacht. Sie hatte zwei Schwestern. Die waren böse. Die haben alles schmutzig gemacht, dass sie alles wieder sauber machen musste. Sie war rausgegangen. Hat sie einen Jungen gesehen. Es war ein bisschen Prinz, aber sie wusste es nicht. Sie war eine Prinzessin. Sie wusste das nicht. Er hat sie zum Schloss eingeladen. Da war ein großer Ball. Sie ist nach Hause gegangen und hat ihr pinkes Kleid angezogen. Dann war sie dort, und der König und die Königin war dort, und es gab alles zu essen, und die Kinder haben gespielt. Die Eltern wussten gar nicht, dass sie dahin gegangen war. Haben die sie gesucht. Haben die Spuren von ihren Füßen gesehen, und dann haben die das Schloss gesehen, und dann haben sie das Mädchen gesehen. Haben sie gesagt: „Du musst nach Hause gehen!" Da konnte sie nicht mehr tanzen. Der Prinz ist mit ihr zusammen zurück gegangen. Die Mutter war tot, und die Schwestern sind verloren gegangen. Dann wussten die das, dass die Prinz und Prinzessin sind, und dann haben die in dem Schloss geheiratet.

Die Geschichte von F. zeigt, wie virulent in der Vorstellungswelt der Kinder noch immer gewalttätige Phantasien sind. Der an die Tafel geschriebene Vers ‚Lieber Weihnachtsmann, zünde unsere Schule an', ist ein alter, lang tradierter Kinderwitz. Er gehört zur subversiven Kinderkultur, in der sich Kinder seit jeher als Provokateure genießen. Befremdlich wird dieser Vers erst durch seine Einbettung in die Vorstellung von einem Bombenattentat. Damit verliert er seine Harmlosigkeit.

Die Erzählung von A. basiert offensichtlich auf einer Verfilmung des ‚Doppelten Lottchens', der im Fernsehen gelaufen war. Sie verdichtet die Geschichte auf eine Minimalvariante, in der das Grunddilemma – die Trennung der beiden Schwestern auf Grund der Scheidung der Eltern – im Zentrum steht.

N. orientiert sich an der Disney-Version von ‚Cinderella'. An einigen Abwandlungen und Ausschmückungen wird deutlich, welche geheimen Wunschphantasien dieser Film bei ihr geweckt hat: Die Protagonistin ist bei ihr eine verkannte Prinzessin; das Fest im Schloss verbindet sie mit opulentem Mahl und Spielangeboten für die Kinder, unvermittelt wird am Ende die böse Mutter für tot erklärt und die rivalisierenden Schwestern kommen abhanden; in der Wiedererkennung von Prinz und Prinzessin erfüllt sich die Sehnsucht nach sozialem Aufstieg und Prestige.

Märchen – nacherzählt

Die wachsende Erzählkompetenz der Kinder lässt sich insbesondere an den Nacherzählungen ablesen, die Christiane Weigel im Rahmen ihrer Interviews im Schuljahr 2006/07 mit den Kindern der 2. Klassen, die jeweils ein halbes oder ein Jahr am Projekt beteiligt waren, aufzeichnete. Die Interviewsituation machte deutlich, wie stark die Kinder die ungeteilte Zuwendung und Aufmerksamkeit von Christiane Weigel genossen haben. Die Erfahrung, dass ein Erwachsener ihnen geduldig und ermunternd zuhört und ihre Freude am Suchen bzw. Finden von Wörtern und Wendungen teilt, gehörte ganz offensichtlich zu den seltenen glücklichen Augenblicken ihres Alltags. Erwachsene als Zuhörer – dies scheint ebenso unabdingbar für die Entwicklung von Erzählkompetenz wie das ‚Füttern' mit Geschichten.

W. war erst vor kurzem aus Polen nach Berlin gekommen. Sie konnte sich sehr schlecht ausdrücken. Die Lehrerin wies sie häufig zurecht und konnte mit ihrer anhänglichen Art wenig anfangen. Im normalen

Unterricht war stets zu wenig Zeit, um W.s umständlichen und undeutlichen Formulierungen das rechte Verständnis abzuringen. Nach einem ersten Interview kam W. eine Zeitlang regelmäßig in den Pausen ins Erzählzimmer, erzählte selbst ausgedachte Geschichten und schien sehr erstaunt darüber, dass sie tatsächlich selbst Geschichten erzählen kann. Nach ein paar Wochen traute sie sich auch in der Erzählstunde, vor ihren Mitschülern zu sprechen.
Die Erzählstunden wurden für sie eine Möglichkeit, sich anders zu erleben. Sie erzählt im Interview gern und viel. Allerdings kostet es Zeit und Mühe, ihren Worten in stark polnischem Akzent zu folgen – oft fehlen ihr die Worte, und sie gerät ins Stocken. Im Unterricht wird ihr darum häufig von der Lehrerin das Wort abgeschnitten, auch die Mitschüler meiden den Kontakt zu ihr. Im Interview genießt W. die ungeteilte Aufmerksamkeit und erzählt das komplexe Märchen mit beeindruckender Genauigkeit und Detailtreue nach. Anschließend wird ihr von Christiane Weigel das Protokollierte vorgelesen, und sie ist überrascht und beeindruckt, dass sie allein diese ganze Geschichte erzählt hat. Das hat sie sich nicht zugetraut. Auch im Deutschunterricht wird diese ‚Beredtsamkeit' nicht vermutet. In den Deutschstunden war ihre ‚Versagerrolle' festgeschrieben.

Die Nacherzählungen gaben zunächst Aufschluss darüber, inwieweit die Sprache der Erzählerinnen den Sprachgebrauch und die Ausdrucksfähigkeit der Kinder beeinflusst hat.

Es ließ sich überprüfen, inwieweit die Kinder sich in der Verwendung eines bestimmten Vokabulars und ausgewählter Formulierungen an den vorgegebenen sprachlichen Formulierungen der Erzählerinnen orientierten. Auffällig ist z.B. der Gebrauch von Wendungen, die im Gegensatz zum alltäglichen Sprachgebrauch der Kinder stehen.

S., ein russischstämmiger Junge mit sehr eingeschränkten sprachlichen Ausdrucksmöglichkeiten, erzählt die Geschichte von der klitzekleinen Frau nach. Die Geschichte spielt mit sprachlichen Verniedlichungsformen. S. beweist, dass er dieses Spiel verstanden hat, indem er die Verniedlichungen – zum Beispiel bei dem Wort Knochen – noch weiter führt als dies von der Erzählerin vorgegeben wurde. Er erzählt:
Die ging so bei einem Friedhof, und dann hat die ein klitzekleine Knochlein gefunden. Dann ging sie in ihr klitzekleine Zuhause, und dann wollte die schlafen. Da hat die das Knochlein bei die Schrank gemacht. Und dann ist sie eingeschlafen, und dann ist so eine Stimme: „Gib mir wieder mein Knochlein!" Dann schläft die wieder ein. Dann kommt die klitzekleine Stimme ein klitzekleine bisschen lauter. Guckt die wieder raus, und dann schläft die wieder ein. Dann kommt die Stimme wieder noch doller. Dann ist ein Geist gekommen, hat den Schrank geöffnet, klitzekleine Knochlein geholt. Ist dann wieder bei den Friedhof gegangen.

V. (Polen) ist erst seit einigen Monaten in Deutschland und spricht zu Hause polnisch. Es haben sich in ihren Sprachgebrauch grammatikalische Stereotype eingeschliffen, deren Verkehrtheit sie beim Nacherzählen spürt und zu korrigieren versucht.
Sie erzählt das georgische Märchen ‚Msekala und Msevarda' und ersetzt dabei durchgehend das Hilfsverb ‚ist' durch eine gebeugte Form von ‚haben', z.B. „hat ein Mann gekommen", „hat er aufgewacht", „hat er gegangen", „hat er runtergefallen", „hat er gewachsen", und sie verfehlt die richtige Deklination der

Pronomen. Wenn sie jedoch in den Dialogpassagen wörtliche Formulierungen der Erzählerin übernimmt, gelingen ihr mehr und mehr grammatikalisch korrekte Konstruktionen. So z.B., als sie das Ende des Märchens beschreibt: ... Dann hat er nach Hause gekommen: „Wo ist mein (!) Sohn? Wo ist (!) meine (!) Frau? Ich will meinen (!) Sohn sehen!" Mutter sagte: „Du hast geschrieben, dass ich soll zum Feuer schmeißen." Dann zeigt sie ihn diese Post. Diese Prinz sagt: „Aber nein, Mutter, das war (!) diese Hexe!" Und sie weinen. Dann vergeht ein Jahr, zwei, drei, vier, fünf. Sechste Jahr. Er hat zum Wald gegangen. Er hat ein Häuschen gefunden. Er fragt: „Ich habe noch niemals dieses (!) Häuschen gesehen." Ist noch ein Junge. Er ruft diese Junge: „Wo sind (!) deine Eltern? Mit wem lebst du hier?" „Nur mit meiner Mutter." „Wo ist (!) deine Mutter?" „Meine Mutter ist (!) zu Hause." Und die Mutter wusste, das ist ihre Mann. Sie hat alles erzählt. Er schreibt zu seine Mutter: „Mama, ich habe meine Frau und meinen Sohn gefunden." Ende.
Während ihrer Erzählung versucht sie lange, das Wort ‚zerknüllte' zu erinnern. Da es ihr nicht gelingen will, kreiert sie eine eigene sprachliche Wendung, die lautmalerisch dem gesuchten Wort entspricht – aus zerknüllt wird ‚geknilcht'.

Vielfach schien den Kindern beim Versuch, die gehörten Geschichten nachzuerzählen, die Differenz zwischen dem sprachlichen Ausdruck der Erzählerinnen und ihren sprachlichen Möglichkeiten bewusst zu werden. Ihre Nacherzählungen dokumentieren den deutlichen Versuch, der Plastizität der Schilderung durch die Erzählerin nahe kommen zu wollen.

I. (Iran) ist einer der Jungen, der beim Erzählen sichtlich unter seinen sprachlichen Barrieren leidet. Er erzählt sehr langsam, denkt zwischendurch lange nach und sucht in der Erinnerung nach den richtigen Worten. Er wirkt geradezu zerknirscht, wenn er an einer Stelle ins Stocken gerät. Es quält ihn, Dinge nicht erzählen zu können, die eigentlich in seiner Vorstellung vorhanden sind: „Ich hab noch mehr verstanden. Ich kann bloß die Sprache nicht so gut." Dennoch bemüht er sich innerhalb seiner Möglichkeiten, Lösungen zu finden. In der von ihm erzählten Geschichte gibt es eine Verheißung bei der Geburt des Jungen für sein 14. Lebensjahr. I. erprobt sich im Konjunktiv: „Der wird, wenn er 14 wäre, dann würde er die Prinzessin heiraten." An anderer Stelle versucht er, das Präteritum zu bilden und arbeitet mit Wiederholungen, um die von der Erzählerin sehr intensiv vermittelte lange Dauer der Reise wiederzugeben. „Und er gang und gang und gang bis zu einem Baum."

Auffällige sprachliche Defizite waren insbesondere bei der Bildung von Zeitformen zu beobachten. In der Regel vermieden die Kinder die Bildung des Präteritums. Durch die Märchen wurden sie mit komplexen Zeitformen und vor allem mit der Schwierigkeit in der Beugung starker Verben konfrontiert. Die für das Märchen (beinahe) obligatorische Zeitform ist das Präteritum.[11] Im Verlauf des Projektes versuchten die Kinder in ihren Nacherzählungen und Erfindungen, mit dem Präteritum zu experimentieren. Hier einige kuriose Versuche, die die Schwierigkeiten zeigen, grammatikalisch adäquate Zeitformen zu finden. Gleichzeitig wird an diesen Fehlleistungen deutlich, dass die Kinder um diese Schwierigkeiten wissen und sie auf ihre Weise zu meistern versuchen.

„Danach hat eine Frau sie geheilt zum Weggehen."
„Sie hat die schönste Blume geriecht, und dann wusste sie, wo der ist."
„... und dann hat der den Diener gehaut wieder. Und denn kommte so eine Frau ..."
„Dann gang, gang, gang er weiter zu einen Jungen."

Waren die im Interview protokollierten Nacherzählungen der Kinder anfangs noch lückenhaft, so gewannen die Geschichten immer stärker an Vollständigkeit. Auffällig war, dass die Kinder in den ersten Monaten häufig den Schluss eines Märchens nicht mehr recht erinnerten, weil sie, offensichtlich mit ihrer Konzentration am Ende, nicht bis zum Schluss zugehört hatten. Im zweiten Halbjahr konnten die Kinder überwiegend die gesamte Geschichte nacherzählen. Dies mag zum einen mit der gewachsenen Konzentrationsfähigkeit zusammenhängen. Zum anderen dürfte eine beträchtliche Rolle spielen, dass die Kinder im Laufe der Zeit umfangreichere Kenntnisse über die Struktur eines Märchens gewonnen hatten und sich somit besser innerhalb einer Geschichte orientieren und diese anschließend strukturierter und vollständiger nacherzählen konnten.

A. (Türkei) erzählt im September 2006 ein eben gehörtes Märchen in drei fragmentarischen Sätzen nach und antwortet auf die Frage, wie die Geschichte ende: „Die böse Frau bleibt Königin, und die gute Königin bleibt eingesperrt." Die Beobachtung während der Erzählstunde legt die Vermutung nahe, dass sie beim letzten Drittel des Märchens nicht mehr zugehört hatte.
Im Februar 2007 erzählt A. das afrikanische Märchen ‚Mbango' folgendermaßen nach:
Schildkröte ist zu der Insel hin gegangen. Aber dann die Insel war ganz groß. Dann hat auch noch die Schildkröte Blätter gegessen. Dann ist irgendwas Großes gekommen. Ich glaub, das war das Nilpferd. Hatte die Schluckauf, die Schildkröte. Die Schildkröte hat dem Nilpferd gesagt, dass die einen Kampf machen sollen. Meinte das Nilpferd: „Okay!" Ist die Schildkröte, hat das zum Elefanten gesagt. Hat die, glaub ich, die Schildkröte gesagt, dass das Nilpferd stärker ist als das Elefant. Kann ich nicht so gut erinnern. Hat die Schildkröte auch gesagt, dass Kampf machen sollten. Hat der Elefant auch gesagt: „Okay!" Schildkröte ist zum Nilpferd gegangen und gesagt, dass es das Seil halten soll. Hat er auch. Dann ist die Schildkröte noch zum Elefanten gegangen. Hat der auch das Seil genommen. Dann ist er zum Baum gegangen in die Mitte. Hat die Schildkröte gesagt: „Auf die Plätze, fertig, los!" Haben die losgezogen. Hat der Elefant ein bisschen gezogen, das Nilpferd ein bisschen. Später haben sie beide das Seil losgelassen. Schildkröte zum Nilpferd gegangen. Hat der gesagt, dass die Schildkröte stark ist, klein und stark. Sind die Freunde. Dann bei Elefanten das Gleiche. Dann ist die Schildkröte auch Freundin von Elefant. Dann haben sie getanzt.

Für A., ein stilles Mädchen, das auch im Unterricht wenig spricht, war das Erzählen nach wie vor mit großer Anstrengung verbunden. Dennoch verweigerte sie sich nicht, sondern wollte sich mitteilen und erzählen – ein Bedürfnis, das man bei ihr im Unterricht sehr selten beobachten konnte. Sie erinnerte die Abfolge der Bilder (die Insel, das Fressen und den Schluckauf der Schildkröte, das Seil usw.), Aktionen, die sie auf bekannte Situationen ihres Alltags übertragen konnte (das Ziehen am Seil, das Kommando ‚Achtung, fertig, los'), vor allem aber den freudvollen Schluss (die ungleichen Tiere werden Freunde und tanzen). D.h., sie hatte bis zum Ende zugehört, den eigentlichen Witz der Geschichte (die Schwachen überlisten die Starken/ Großen)

blieb ihr jedoch nur ahnungsweise zugänglich („Kann ich nicht so gut erinnern").

Im Unterschied zu A. stand eben diese List für S. im Mittelpunkt seiner Erzählung, und er kostete das trickreiche Handeln der Schildkröte mit sichtlichem Behagen aus:

> *S. (Jugoslawien): Die Schildkröte war im Wasser.[...] Die Schildkröte war klug, ist die genau in die Mitte gegangen und hat gesagt: „Wenn ich los sage, könnt ihr anfangen." Und dann hat die „Auf die Plätze, fertig los!" gesagt. Das Nilpferd und der Elefant haben am Seil gezogen. Und die Schildkröte war in der Mitte. Die Schildkröte hat so geguckt, dann konnten die nicht mehr. „Ja Schildkröte, was bist denn du für ein starkes Tier?" War es ein Sie oder ein Er? Ich glaube, eine Sie. Hat die Schildkröte gesagt: „Ich bin ja stark." Und das Nilpferd: „Willst du meine Freundin sein?" Schildkröte: „Ja, ich will." Ist die Schildkröte zum Elefanten gegangen. Der Elefant hat sich wieder aus dem Baum so raus geholt mit den Rüssel. Elefant: „Schildkröte, warum bist du denn so stark?" Schildkröte: „Ja, ich bin eben so stark." „Willst du meine Freundin sein?" Schildkröte: „Ja, ich will." Dann haben die den Tanz gemacht. Dann wusste nicht das Nilpferd, was es machen sollte. Ist das auch hin gegangen. Dann haben die alle getanzt.*

Bei der Rekapitulation von komplexeren Geschichten, insbesondere bei Zaubermärchen von beträchtlicher Länge, lassen sich individuelle Selektionsprozesse beobachten. Interessanterweise bleiben davon die Hauptmotive und -ereignisse, also die unverzichtbaren Bausteine der Geschichte, unberührt. Auch wenn je nach individuellem Gusto bestimmte Motive ausgeklammert werden, bleiben die für die Handlung zentralen Elemente in der Rekapitulation erhalten. Diese Fähigkeit zur Reduktion von Komplexität, bei der nicht Willkür, sondern kohärenzstiftende Auswahl am Werke ist, scheint eine der wesentlichen Fähigkeiten im Bereich des Erzählens zu sein, die die Kinder in unserem Projekt latent erworben haben.

Die Hypothese, dass sich Erzählkompetenz von Kindern insbesondere durch die wiederholte Begegnung mit stabilen literarischen Mustern herausbildet, hat sich hier auf eindrucksvolle Weise bestätigt.

> *E. spricht mit stark russischem Akzent. Er erzählt nicht nur, sondern schlüpft dabei mit großem Vergnügen in die verschiedenen Rollen und kopiert mit frappierender Genauigkeit die Gesten und die Mimik der Erzählerin:*
> *Es war einmal ein Fischer. Er geht immer frühmorgens zu einen See. Macht er die Angel raus auf 'n See, und dann hab ich leider nicht gehört. So ein Fisch. Kehrte er wieder zu dem Haus. Da war seine Frau traurig. Nachts träumte er, er geht frühmorgens zum Fluss, machte er seine Angel raus, und kommt direkt ein dickes fettes Fisch. Hat er sich gedacht: Kopf seinem Pferd geben, Rücken seine Hund, Bauch seine Frau und Flosse unter die Dach graben. Und dann war noch mal eine, hat das gleiche geträumt und noch mal. Dann geht er frühmorgens zum Fluss, kommt ein dicke fette Fisch. Kehrt wieder zu seinem Haus, hat Kopf seine Pferd gegeben, Rücken seine Hund, und Flosse unterm Dach und den Bauch gebraten und mit seiner Frau zusammen gegessen. Und dann mit den Flossen wuchsen zwei Schwerter. Pferd hatte riesig große Bauch und Hund auch. Und Mama, wenn Papa seine Hände so um Mamas Bauch, merkt er das. Hatten die zwei Babys bekommen, und die wurden immer größer und ganz stark. Und dann geht ein starker Junge in die Welt und kehrt er zu einem Haus, wo es ganz dunkel und alle Menschen so traurig. Hat er einen Mensch gesehen, dann sagte er: „Warum das ganze Dorf voll traurig?" „Ach, es gibt so ein See. Da*

wohnt ein Drache, und er wollte immer junge Frauen für Essen haben." Sagt er: „So!" Und dann hat er noch gesagt: „Und jetzt haben wir keine mehr außer die Königstochter. Morgen früh wird die zu ihm gebracht." Sagte er: „Können wir da was tun?" „Nur wenn irgendjemand schafft, dann wird der Junge das Mädchen zur Frau haben." Und dann sagte er wieder: „So!" Zum zweiten Mal. Und hatte den Mädchen gesehen. „Muss ich der von den Drachen helfen!" Da blickte sie zu ihm kurz, und da kommen so fünf Arme von die Erde unten. Die hat dann die Königstochter gehabt, ganz weit nach oben getragen, und dann sagt er zu seinen Tieren, seinen Bären: „Wir wollen den angreifen!" Dann greifen die an. Dann zittert der. Hat der gedacht: „Wieviel Meter war das noch mal?" Hat der gedacht: „Die wird gleich runterfallen und in tausend Stücke zerbrechen." Der Hund hat die Frau gehalten und geschüttelt und geschüttelt, aber keine Luft. Dann hat sie doch Luft. Der hat sein Schwert genommen und den Drachen die Zunge abgeschnitten, und dann war der tot. Und Blut in den Meer, das war ein ganz rotes Meer dann. Hat er gesagt: „In einem Jahr, einen Tag komme ich wieder. Du musst die Zunge mitnehmen, dann weiß der, dass ich war das!" Geht die Prinzessin mit die Zunge. In ein Wald kommt ein anderer Mann: „Muss ich dir helfen?" „Ach, ich geh wieder in mein Haus. Ein Junge hat mein Leben gerettet von den Drachen." Sagt er noch mal: „Muss ich dir helfen?" „Nein." Hat er Messer genommen an Hals: „Musst du machen, was ich sage, sonst wird ich dich töten!" Sagt sie: „Ja!" „Sag dem König: Ich habe dich gerettet." Sagt sie: „Aber …" „Sonst werde ich dich töten!" Dann helft er sie.
In einem Jahr und Tag kommt er wieder. Sagt er: „Oh, was ist denn hier? Alle sind fröhlich!" „Ach, morgen ist ein Fest. Die Prinzessin wird verheiratet." Und weiter war nicht.

A. (Ghana) erzählt die gleiche Geschichte:
Das hat mir gut gefallen. Der hat immer einen größeren gefangen. Das Vorderkopf hat er dem Pferd, Mitte der Hund, irgendein Teil die Frau, Schwanz unter den Dach. Daraus sind zwei Schwerter gewachsen. Haben dann zwei Söhne bekommen und das Pferd zwei Kinder. Darauf sollten die Menschenkinder reiten, und jeder sollte ein Hund mitkriegen. Dann haben sie Bären gejagt. Die haben Fallen gestellt und Bären gefangen. Die haben die Bären mitgenommen. Dann ein Löwe ins Netz gekommen, auch mitgenommen. Dann weiß ich nicht mehr. Dann ist einer ausgezogen in die Welt. Er kam zu einem schwarzen Dorf. Alle waren traurig, weil morgen soll die Königstochter zum Fraß gegeben werden dem Wassermonster (Drake). Ist er gekommen, wollte er die retten, und dann hatte sie keine Luft gekriegt, und die war blass, und den Kampf weiß ich nicht mehr. Dann hat sie gesagt, derjenige, der sie rettet, soll sie zur Frau kriegen. Hatte er die Zunge abgeschnitten. Die Zunge soll sie mit nach Hause nehmen, damit der Vater weiß, dass er sie gerettet hat. Ist sie durch den Wald gegangen, ist ein Mann gekommen und hat ein Messer hinter sie gemacht, und sie sollte dem Vater sagen, dass er sie gerettet hat. Sie hat gesagt, nicht vor einem Jahr und ein Tag soll er sie heiraten.
CW: Warum hat sie das gesagt?
Da wollte der Mann zurückkommen. Hat ein Mann gesagt: „Weißt du was? Dieser Mann wird die Königstochter heiraten!"

Beide Geschichten sind – trotz ihrer individuellen Variabilität – identisch in der Beschreibung des Anfangs, der Mitte und des Endes: Den Beginn bildet die magische Geburt, es folgt der Auszug des Helden in die fremde Stadt, in der er von der Bedrohung der Königstochter hört, als Höhepunkt der Sieg des Helden über den Drachen/das ,Wassermonster', gefolgt vom retardierenden Moment – das Auftauchen des Falschen Helden, dessen Entlarvung. Den Schluss bildet das – für das Märchen obligatorische – glückliche Ende. Das ist das Gerüst eines vollständigen Zaubermärchens, das gleichsam das Fundament beider Erzählungen darstellt.

Erzählkompetenz, so lässt sich erkennen, bildet sich offensichtlich in einem unbewusst verlaufenden Lernprozess heraus, in dem isomorphe Strukturmuster erworben werden, die Erinnern und Vergessen sinnstiftend steuern.

D. (Deutschland) erzählt das schwedische Märchen ,Östlich der Sonne, westlich vom Mond' nach:
Der Opa, der hatte drei junge … Wie heißt das noch mal?
CW: Meinst du Söhne?
D.: Ja. Drei junge Söhne. Und der Opa hatte draußen bei seinem Garten geschlafen. Und da waren so Schwäne, Prinzessin und Dienerinnen. Der Opa hat es nicht gesehen, weil er eingeschlafen war. Dann hat der große Sohn es probiert und ist auch geschlafen.
Sagt der Kleine: „Kann ich das jetzt mal versuchen?" „Nein. Du bist zu jung." Dann hat er es doch gemacht, und er ist nicht eingeschlafen. Er hat Lieder gesungen und sich selber Geschichten erzählt. Dann sind die Schwäne gekommen, also die Königstochter und die zwei Dienerinnen. Haben die ihre Federn abgenommen und rumgetanzt und in Kreis gedreht. Dann hat er die Federn genommen. Dann haben die die Federn gesucht. Dann kam der kleine Junge und hat gesagt: „Was sucht ihr denn?" „Wir suchen unsere Federn." „Ich weiß, wo sie ist. Aber erst muss die Schönste meine Frau werden." „Okay." Dann sind die geflogen. Vorher haben die noch gesagt, dass abends die Hochzeit ist. Dann haben die alles vorbereitet, und dann haben sie geheiratet. Dann ist sie wieder weggeflogen, und er wartet, dass sie wiederkommt. Ein Tag, zwei Tage, ein Jahr, ein Monat. Dann hat er sie gesucht. Essen und Trinken eingepackt und gelaufen in den Wald. Da hat er solche Trolle gesehen im Wald, ganz laut. „Warum streitet ihr euch über ein Paar Schuhe?" „Unser Papa ist tot, und diese Schuhe sind etwas ganz Besonderes. Man kann damit einen Kilometer oder …?
CW: Hundert Meilen in einer Minute.
D.: „Warum gebt ihr mir sie nicht?" „Okay!" sagen die dummen Trolle. Die sind doof. (Sie amüsiert sich über deren Dummheit.) Dann ist er gelaufen und kam wieder in den Wald und hörte Trolle streiten. „Warum streitet ihr wegen so nen alten Mantel?" „Unser Papa ist gestorben, und der ist ganz besonders. Wenn man den anzieht, wird man unsichtbar." „Warum gebt ihr mir nicht den Mantel? Dann müsst ihr euch nicht mehr streiten." Haben die ihm den Mantel gegeben. Dann ist er 100 Kilometer gelaufen und hat dann wieder die Geräusche gehört. So Brüllen von Trollen. War da so ein Schwert. Wenn man jemand die Spitze zeigt, ist er tot. Wenn man jemand mit den Griff berührt, ist er wieder lebendig. „Warum gebt ihr mir nicht das Schwert?" Dann hat er das Schwert auch bekommen. Dann hat er eine alte, alte, alte, alte, alte Frau getroffen und gefragt: „Können Sie mir sagen, wo das Schloss ist östlich der Sonne und nördlich der Erde?" „Nein, aber vielleicht meine Tiere." Sie hat dreimal geklatscht, und dann kamen alle Tiere. „Wisst ihr, wo das Schloss ist, östlich der Sonne und nördlich der Erde?" „Nein." Dann hat er wieder eine alte, alte, alte, alte, alte Frau getroffen. „Haben Sie ein Schloss gesehen, östlich der Sonne und nördlich der Erde?" „Nein, aber ich ruf mal meine Meerestiere." Hat sie getan, dreimal geklatscht. Hat sie gefragt. Haben sie Nein gesagt, sind sie wieder zurück gegangen. Ist er weiter gelaufen. Ist er wieder an

eine alte, alte, alte, alte, alte Frau angekommen. „Haben Sie ein Schloss gesehen, östlich der Sonne und nördlich der Erde?" „Nein, aber ich ruf mal meine ganzen Vögel, Spätze und so." Hat sie wieder dreimal geklatscht, alle sind gekommen außer … Wie heißt der noch mal?
CW: Phönix, der Feuervogel …
D.: … außer Feuerphönix. „Einer fehlt! Der Feuerphönix!" Kommt er so müde und so kaputt. „Hast du ein Schloss gesehen östlich der Sonne und nördlich der Erde?" „Ja, da war ich gerade." „Dann kannst du gleich den Jungen dahin fliegen!" Er mags nicht oder er mag (sie ersetzt damit die Formulierung ‚ob er will oder nicht') . Ist er auf seinen Rücken gegangen, und sind sie geflogen. War so eine Wolke, und dann waren sie da. Hat er geklopft. Mit einem langen Bart, weil er ein, zwei Tage, ein Monat, ein Jahr hin und her gegangen ist. „Wer ist da?" hat die Dienerin gefragt. „Ich bin's, der Mann von der Königstochter." Hat sie gesagt: „Nein, du bist das nicht." Hat er erstmal den Apfel raus geholt. „Das sag ich der anderen Dienerin." (Sie spielt die Figuren.) Die hat gesagt: „Das glaub ich nicht." „Komm mal mit!" Sie denkt es auch nicht. Aber dann holt er den linken Apfel. „Ach, du bist der! Den linken Apfel erkenn ich." Gehen sie zur Königstochter: „Dein Mann ist da." Glaubt sie auch nicht. Hat er den Ring gezeigt. „Richtig, du bist das! Aber wir können dich nicht rein lassen. Die Trolle sind da." „Das macht nichts. Ich kann was machen." Dann hat er sich unsichtbar gemacht und hat alle mit dem Schwert getötet. Dann konnten sie eigentlich gehen.
CW: Da war noch jemand tot.
D.: Ja, die Königstochter sagt dann: „Aber meine Eltern sind gestorben." „Ich kann was dagegen tun." Sind sie zum Grab gegangen, haben das erstmal aufgemacht. Hat er mit dem Griff berührt. Dann die Augen waren auf (sie sagt es mit großem Staunen, scheint es vor sich zu sehen) und sie lebten wieder. Haben sie dann dem den Bart abrasiert und haben den zum schönsten Jungen gemacht. War da dann noch was?
CW: Die haben noch gefeiert.
D.: Dann haben sie Hochzeit gefeiert und Saft und Cola und Bier getrunken. Ja, manche Leute trinken das. Und dann gab es Kirschkuchen, Himbeerkuchen, Sahnekuchen. Das ist mein Lieblingskuchen.

Es sei daran erinnert, dass auch D. am Anfang des Projektes keine Märchen kannte und im freien Erzählen ebenso unerfahren war wie alle ihre Klassenkameraden. Die Gewandtheit, mit der sie dieses komplexe, in sich verschachtelte Schwanenjungfraumärchen rekapituliert, wie sie konsequent den Handlungsfaden verfolgt und die unterschiedlichen Motive hineinwebt, wie sie das (mythische) Alter der hilfreichen Zauberin durch die fünfmalige Wiederholung des Attributs ‚alt' deutlich macht, wie sie aus dem Feuervogel Phönix die Kontamination Feuerphönix kreiert, wie sie das Vergehen der Zeit durch die wiederkehrende Wiederholung der gleichen formelhaften Wendung verdeutlicht – das ist für Zweitklässler durchaus ungewöhnlich.

Das gleiche Märchen erzählt S., ein Junge aus Serbien, in folgender Weise:
S.: Da war ein Schwert. Wenn man jemanden trifft, ist er tot. Und wenn man am Griff jemanden berührt, lebt man wieder. Dann mit dem unsichtbaren Mantel. Und die Stiefel, die ganz schnell rennen können.
CW: Und weißt du noch, wie die Geschichte angefangen hat?
S.: Da waren drei Söhne. Der Vater ist dann auf die Wiese gegangen und hat gesehen, dass die Füße, da Fußabdrücke sind. Hat der zu dem Ältesten gesagt, er soll übernachten. Hat er sich ein gemütliches

Plätzchen gesucht und Essen und Trinken ausgepackt, und dann ist der eingeschlafen. Der Mittlerste hat auch übernachtet. Der ist auch eingeschlafen. Dann hat der Kleinste gesagt, er will auch da übernachten. Hat der Papa gesagt: „Du kannst doch nicht. Du bist zu klein!" Dann ist der rausgegangen und hat gesungen und sich Geschichten erzählt, also allein. Dann sind drei Schwäne gekommen, haben ihre Federn abgelegt, und dann war da eine, die so wunderschön war. Haben die getanzt und sich umgedreht. Dann hat der Kleine ihre Federn weggenommen. Dann, als die Sonne kam, haben die ihre Federn gesucht. Ist der Kleine gekommen und hat gesagt: „Wer seid ihr?" „Wir kommen nördlich von der Sonne und östlich von der Erde." Haben die gesagt: „Gib uns unsre Federn zurück. Wenn die Sonne kommt, dann sterben wir." Hat er zu der Prinzessin gesagt – die anderen waren nur ihre Dienerinnen –: „Er soll sie heiraten." Dann hat er ihre Federn gegeben, und sie sind geflogen. Hat er alles dem Vater erzählt und dass die morgen kommen und ein Fest feiern, also Hochzeit. Haben die dann Hochzeit gefeiert, und die Dienerinnen haben ihm zwei Äpfel gegeben und die Prinzessin ein Ring. Dann sind die weggeflogen. Er hat gewartet. Ein Tag ist vergangen und ein Jahr. Hat er sich Sorgen gemacht und hat die gesucht. Ist er zu zwei Riesen gekommen, die haben sich gestritten wegen zwei Schuhen. Hat er gesagt: „Wieso streitet ihr euch wegen zwei Schuhe?" „Unser Vater ist gestorben, und er hat uns nur diese zwei Schuhe gegeben." Hat er gesagt: „Gebt die Schuhe doch mir, dann müsst ihr nicht streiten." Die waren ja dumm und haben ihm die gegeben. Dann ist er ganz schnell gelaufen mit den Schuhen, fast eine Runde um die Erde. Dann haben sich wieder zwei Riesen gestritten nur wegen einem Mantel. Sagt er: „Wieso streitet ihr euch denn nur wegen einem Mantel?" „Unser Vater ist gestorben, und er hat uns nur diesen Mantel gegeben, und jetzt wissen wir nicht, sollen wir den zerschneiden." „Warum gebt ihr nicht mir den Mantel? Dann müsst ihr nicht streiten." Haben die ihm den Mantel gegeben. Das war ein unsichtbarer Mantel. Dann ist er wieder gekommen, da haben sich zwei Riesen gestritten nur wegen ein Schwert. „Wieso streitet ihr euch denn über dieses Schwert? Es ist doch alt und zerfällt." „Unser Vater ist gestorben und hat uns nur dieses Schwert gegeben." „Dann gebt das Schwert doch mir. Dann müsst ihr euch nicht mehr streiten." Das war ein Schwert: Wenn man jemanden mit der Spitze berührt, dann stirbt er, und wenn man jemanden mit dem Griff berührt, dann lebt er. Dann ist er zu einem Wald gekommen. Da war eine alte, alte, alte Oma. Sie hat … Dann hat er gesagt: „Hallo!" Hat die Oma gesagt: „Jemand hat mich so nett angegrüßt. (Er ersetzt damit die von der Erzählerin gebrauchte Formulierung ‚Ich lebe schon viele, viele Jahre, doch nie hat mich jemand so freundlich gegrüßt'.) Dann so: „Dann wächst etwas und dann wieder nicht." (Er ersetzt mit dieser Formulierung die Passage der Erzählerin ‚Ich sah Eichenwälder wachsen und vergehen'.) Dann hat er gesagt, ob die jemanden kennt, wo die nördlich von der Sonne und östlich von der Erde. Hat sie gesagt: „Nein. Aber die Tiere wissen es vielleicht." Die konnte mit die Tiere reden. Hat die dreimal in die Hände geklatscht, und dann sind die sofort gekommen. Hat sie gefragt: „Wo ist die nördliche Sonne und die östliche Erde?" Aber die wussten das nicht. Dann ist er zu einem Meer gekommen. Da war eine alte, alte, alte Oma. Sagt er: „Hallo!" „Jemand hat mich so nett angegrüßt! Das Meer trocknet aus, und dann fließt es wieder." Sagt er: „Weißt du, wo die nördliche Sonne und die östliche Erde ist?" „Nein, aber die Fische wissen das vielleicht." Die konnte mit die Fische reden. Hat sie dreimal geklatscht, und dann sind die Fische gekommen. Hat er gefragt: „Wisst ihr, wo die nördliche Sonne und die östliche Erde ist?" Aber die wussten das auch nicht. Er ist dann zu ein altes Haus wieder gekommen. War wieder eine alte Oma. Hat er wieder gesagt: „Hallo!" Dann hat er wieder gesagt: „Weißt du, wo die östliche Sonne und die nördliche Erde ist?" „Ich weiß es nicht." Dann hat sie dreimal geklatscht. Sie konnte mit die Vögel reden. Dann sind alle Vögel gekommen, aber jemand hat gefehlt. Das war der Feuervogel. Er kam dann. Er war müde. Er war lahm. Fragen die anderen: „Wieso brauchst du denn so lange?" „Weil ich war bei der östlichen Sonne und nördlichen Erde." Sagt die Frau: „Gut, dann kannst du den jungen Burschen zu diese Sonne bringen." Hat er gemacht. Da war eine große Wolke, dann waren die da. Haben angeklopft an die Tür. Ist die Dienerin gekommen, der er den Apfel gegeben hatte. Er war sehr, sehr alt. Er hatte einen Bart und war zerfetzt. „Wer bist du?" hat sie gesagt. Hat er ihr den Apfel gezeigt. Da wusste die, dass er es ist. Dann ist die andere Dienerin gekommen. „Wer bist du?" Hat er ihr den anderen Apfel gezeigt. Dann ist die Prinzessin gekommen. Die wusste auch nicht, wer er ist. Hat er ihr den goldenen Ring gezeigt. Dann konnte er rein. Er konnte aber nicht hier bleiben, weil die Trolle kommen. Da hat er sich unsichtbar gemacht. Dann ist ein Troll gekommen und der nächste und der nächste. Dann waren die alle tot. Dann hat die Prinzessin gesagt: „Aber ein was ist noch. Meine Eltern sind tot." Dann hat er mit den Griff sie berührt, und dann waren die wieder gelebt. Dann haben die gefeiert und eine Hochzeit gemacht.

Ganz offensichtlich beeindruckt von den Zaubergegenständen, beginnt O. seine Nacherzählung mit deren Aufzählung. Um ihre Wirkung zu verdeutlichen, ergänzt er das von der Erzählerin Gehörte: Mit den Schuhen ist der Held der Geschichte ‚fast eine ganze Runde um die Erde' gelaufen. Auch er weiß das Märchen in allen Details zu rekapitulieren. Die von ihm gewählten Substitutionen machen deutlich, wie sich Verstehensvorgänge konstituieren: Anfangs ersetzt er ‚Trolle' – ein für ihn unbekannter Begriff Troll, den die Erzählerin nicht eingeführt hatte – sinnentsprechend durch Riesen, später nimmt er die eigene Sinndeutung wieder zurück und verwendet den von der Erzählerin verwendeten Begriff. Die hilfreiche Alte macht er sinnentsprechend zur Oma, den Protagonisten zum ‚jungen Burschen' – eine Formulierung, die er aus den Erzählstunden kennt. Aus ‚Jemand hat mich so nett gegrüßt' macht er ‚angegrüßt' – offensichtlich in dem Bestreben, die Besonderheit des zeremoniellen Grüßens kenntlich zu machen. Den ungekämmten Bart beschreibt er als ‚zerfetzt' – eine stimmige Übertragung, um das veränderte Aussehen des Helden zu verdeutlichen.

Dass die Kinder, die im zweiten Jahr an dem Projekt beteiligt waren, nicht nur über eine lange Zeitspanne hinweg unabgelenkt zuhörten, sondern die komplexen Geschichten auch in allen Teilen rekapitulieren können, sei an folgendem Beispiel verdeutlicht:

Kerstin Otto erzählt ‚Pinto Smauto' aus dem ‚Pentamerone' – eine Legierung aus ‚Der Mann aus Zucker' und ‚Das singende, springende Löweneckerchen'. Es ist ein umfangreiches, in sich stark gegliedertes Märchen, das gemeinhin für Zweitklässler eine Überforderung darstellen würde.

T., die zuhause nur türkisch spricht, rekapituliert die Geschichte im Interview folgendermaßen:
Der Vater wollte, dass sie heiratet. Er hat ganz viele Männer gesucht. Das Mädchen hat Nein gesagt. Die waren nicht so gut. „Du musst zum Markt gehen. Du holst mir ein bisschen Zucker und Wasser, die gut riecht und Mandeln und Pilze und ..." (Sie überlegt lange) ... das war's. Und dann hat sie daraus einen Mann gemacht, und dann hat sie die ganze Zeit gefleht, gefleht, dass er lebendig wird. Dann hört sie die ganze Zeit diese Beep-Beep-Geräusche. Dann sie guckt so: Die Augen bewegen sich. Dann sagt sie: „Gott, bitte, bitte, er soll laufen!" Dann läuft er. Und dann holt sie ganz viele Sachen von ihren Vater. Erst eine

Unterhose, dann ein Hemd, dann noch Hose und ne Jacke. Dann haltet sie ihn an die andere Hand. Dann ruft sie: „Vater! Vater!“ Dann kommt er. Sagt er: „Was?“ Dann sagt sie: „Ich kann heiraten.“ Und dann: „Ich habe einen Mann gefunden.“ Dann sagt der Vater: „Wo?“ Dann gibt sie einen kleinen Schubs. Danach sieht er ihn. Danach geht er eine Runde vorbei, sagt er: „Hmm! Der sieht ja schön aus!“ Dann sagt der Vater: „Wann willst du heiraten?“ Da sagt das Mädchen: „Ich will jetzt gleich heiraten.“ Dann sagt der Vater: „Das geht nicht. Du kannst doch nicht jetzt heiraten.“ Dann heiraten die. Die machen Essen. Die Gäste kommen. Da war so eine Frau, die hatte ein rotes Kleid. „Hmm, dieses Mann sieht ja schön aus. Ich hätte auch so einen gern.“ Dann sagt sie zu diesem Mann: „Kannst du nicht bitte mit mir in diese … (Sie sucht lange nach einem ganz bestimmten Wort und findet es dann.) … Kutsche bringen?“ Macht das Mann die Tür zu. Da gibt sie einen Schubs. Sie entführt den Mann. Dann gehen die in ein Land. Da hat die Königin gesagt: „Du musst mit mir heiraten!“ Da hat er gesagt: „Ich hab ja keine Schuld (sic!).“ Nein, hat er gar nix gesagt, und dann haben die ganz schnell geheiratet.
Da hat dieses Mädchen, Betta, die hat die ganze Zeit gewartet. Die hat überall geguckt. In Hof, auf der Toilette, der Jungentoilette. Er ist nicht gekommen. Da waren ein paar Monate vorbei gegangen. Da war sie schwanger, und der Mann war nicht da. Da hat sie diese schönen Kleider ausgezogen, Dreck ins Gesicht geschmiert. Dann ist sie in ganze Land vorbeigegangen. Dann hatte sie so Durst. Und dann hat sie ein Haus gesehen und ist da reingegangen. Da war eine alte Frau. Die hat gesagt: „Ich will dir etwas schenken!“ „Und was?“ „Ich will dir drei Sprüche schenken!“ Da sagte sie drei Sprüche: „Klopferdipopfer, im Haus soll es regnen!“ Das war so ein Spruch. Das war der erste Spruch. Den zweiten Spruch hab ich vergessen. Den dritten Spruch hab ich auch vergessen. Und dann hat sie gesagt: „Naja, geht.“ Und dann ist sie weiter gelaufen. Da war so ein Haus (Schloss). Dann hat sie geklopft. Dann war da ne Frau (die Hofdamen). Sie hat gesagt: „Habt ihr ein bisschen Stroh?“ Die Frau hat gesagt: „Ja.“ Da war ganz viel Stroh da, und da legt sie sich gemütlich hin (die Hofdamen bieten Betta aus Mitleid ein kleines Zimmer an). Und da sieht sie wieder den Mann. Da freut sie sich. Sie musste sterben vor Freude. Sie setzte sich vor die Treppe, aber der Mann siehte sie nicht. Da hat sie den ersten Spruch gesagt: „Klopferdipopfer, soll es regnen!“ Da ging so ein so wie ein Zug (ein Wägelchen). Da hat die Königin das gesehen, und die hat gesagt: „Oh, das ist ja schön. Kann ich mir das kaufen?“ Da hat sie gesagt: „Das ist eigentlich nicht zum Kaufen. Ich hab einen Wunsch. Darf ich neben den Mann schlafen?“ Da hat sie gesagt: „Okay!“ Die Königin hat in den Wein Tabletten (sic!) gelegt, wo man einschlaft. Da hat das Mann das getrunken. Da schlief er ein und schnarcht. Da kommt Betta, und da sieht sie, dass er eingeschlafen ist und er schnarchte. Hat sie ihn immer so … (sie spielt es) … und ist sehr aufgeregt. Wie heißt das noch mal?
CW: Gerüttelt?
T.: Ja, gerüttelt. Da wachte er nicht auf. Da hat sie den ganzen Tag geheult. Da hat sie den zweiten Spruch gesagt. Und da war so ein goldenes Haus von Vogel (Käfig) und ein goldenes Vogel. Da ging sie immer mit im Hof. Hat die Königin gesehen: „Oh, das ist ja schön. Kann ich das kaufen?“ Wollte sie wieder neben sein Mann schlafen. Da legte sie wieder Tabletten rein, dass er einschlaft. Trinkt er wieder das Wein, schlief er wieder ein. Da war wieder Betta da, und sie hat wieder gesehen, dass er schlaft. Hat sie ganze Zeit gerüttelt und geschüttelt, und sie hat ihm Kuss gegeben. Aber er ist nicht wach geworden. Dann hat sie wieder geheult. Da hatte sie keine Wahl, und sie hat den dritten Spruch gesagt. Dann, wo man alle Kleider macht (Stoffe aus Seide und Gold). Hat wieder diese Königin gesehen und wollte das haben. Und Betta wollte

wieder neben das Mann schlafen. Da kam wieder diese Alte (sic!) zu den Mann. Sie hat gesagt, dieses Mädchen, sie hat den Mann gemacht, aus Perlen die Zähne und aus roten Perlen das Mund. Und sie ist schwanger. Da sagt das Mann: „Merkwürdig." Danach hat er nachgedacht. Sagt er: „In dem Wein steckt die Königin immer etwas." Dann nachts, wo Betta wieder neben ihm schlafen wollte, er hat den Wein getrunken und hat so gemacht ... (Sie bläst die Backen auf.) Er hat den Wein ausgespuckt. Er ging in das Zimmer, und er machte nur so, als ob er schläft. Dann weinte wieder Betta. Ist er aufgewacht und er hat sie getröstet. Dann nahm der Mann das alles, das so wie ein Zug, das Haus von das Vogel und wo man Kleider macht und das ganze Schmuck. Da gingen sie, und das Baby kommt. War ein Junge. Da war sie ärgerlich, die Königin, weil sie den Schmuck genommen hatte.

Nicht nur kann T. die gesamte Geschichte ohne Auslassungen erinnern, sie ergänzt zusätzlich das Gehörte durch eigene Ausschmückungen (sie lässt Betta die Unterhose, das Hemd, die Hose und Jacke des Vaters für ihren Bräutigam holen; später lässt sie Betta das Haus durchsuchen – Hof, Toilette, Jungentoilette). T. übernimmt eine Reihe wörtlicher Formulierungen (u.a. den Zauberspruch ‚Klopferdipopfer, im Haus soll es regnen', ‚sie musste sterben vor Freude', ‚gerüttelt und geschüttelt') und ersetzt unbekannte Begriffe durch sinnentsprechende Formulierungen: Aus dem Wägelchen macht sie einen Zug, aus den Stoffballen macht sie ‚wo man alle Kleider macht'. Erstaunlich, wie treffsicher sie jenen Vorgang erkennt und beschreibt, als die Nebenbuhlerin den Bräutigam in ihre Kutsche drängt und mit ihm davonfährt: ‚Sie entführt den Mann' – T. hat begriffen, worum es hier geht: ein krimineller Akt. T. ist mit solcher Begeisterung beim Erzählen dabei, dass sie ins Spielen gerät, wenn Betta den schlafenden Bräutigam nicht aufwecken kann oder dieser den Schlaftrunk ausspuckt.

Überraschend ist eine Veränderung, die sie vornimmt: In der Originalfassung erfährt der Bräutigam durch einen Schuster, dass er Opfer einer Entführung geworden ist. Diese Figur taucht unvermittelt auf und erscheint – wenig überzeugend – als eine Art deus ex machina. T. macht aus dem Schuster kurzerhand die Alte, die Betta bereits auf ihrer Suchwanderung geholfen hat – eine wunderbare Lösung, die der Logik des Geschehens weit mehr entspricht und dramaturgisch zwingend das Dilemma des Liebespaares aufzulösen vermag.

Akzentuierungen und Ausschmückungen geben nicht nur Aufschluss über das Verständnis der Geschichte, sondern ermöglichen oft einen Einblick in die Identifikations- und Verarbeitungsprozesse der Geschichten durch die Kinder.

Die Interviews machten u.a. deutlich, welche Elemente einer Geschichte für die Kinder eine besondere Bedeutung hatten. So erinnerten sich z.B. alle Kinder noch Wochen später an ein Pferd, das in einem Märchen eine entscheidende Rolle spielt. Dieses Pferd, treuer Freund und Helfer des jungen Helden, konnte fliegen und brachte den Helden auf diese Weise in Sicherheit. Während die Kinder davon sprachen, verloren sie sich mitunter in wilden Fantasien über dieses fliegende Pferd; ihre Begeisterung und Faszination für einen solchen magischen Freund war deutlich zu spüren.

Jungen ließen mitunter die Hochzeit des Helden am Ende einer Geschichte weg, während Mädchen sie ausschmückten und dafür Kampfszenen in ihren Schilderungen weniger Aufmerksamkeit schenkten oder schlichtweg vergaßen. Häufig wurde der Held in den Nacherzählungen in das Geschlecht des erzählenden Kindes umgewandelt, zum Teil ging die Identifikation mit dem Protagonisten der Geschichte so weit, dass einzelne Kinder beim Erzählen unbewusst in die Ich-Form wechselten.

Es gibt zwei Themen, durch die die Kinder gleichsam wie elektrisiert wirken – das Thema Armut versus Reichtum und das Thema Arbeitssuche. Wo auch immer im näheren oder weiteren Assoziationsraum diese Themen anklingen, kommen spontane Einwürfe. Kein anderes Thema fordert ihre Aufmerksamkeit derart uneingeschränkt heraus wie dieses.

Einige Beispiele:

In einer Geschichte wird anfangs ein Kaufmann erwähnt. Spontane Nachfrage: „Ist der reich?" Ein Mädchen hat goldene Haare: „Golden? Ich würde die abschneiden und verkaufen." Knochen werden in der Erde vergraben: „Da kommt Geld raus!" Der Fischer hat einen Wunsch frei. Was wünscht er sich?: „Reichtum!" Im Schloss finden die Protagonisten eine Truhe: „Die ist voller Gold, und davon kaufen sie sich Essen!" Die Kinder haben einen goldenen Vogel gefunden: „Davon haben sie ein Foto gemacht. Das war 569er Gold. Mit dem Foto haben sie ganz viel Geld verdient." B. beginnt eine selbsterfundene Geschichte: „Es war einmal ein Junge, der hatte nix zu essen. Eltern gestorben. Versuchte, Job zu finden, um Geld zu verdienen. Suchte Job in Laden, wo es Essen gibt, sauber zu machen. Bekommt er. Bekommt er jeden Tag 60 Cent. Dafür kann er Brot kaufen und nämlich Trinken, damit er weiter lebt." A. erfindet eine Geschichte, in der ein Mädchen zu einer Königin kommt: „... ‚Darf ich ein bisschen von deinem Essen haben?' ‚Ja' Sie nahm das Essen und aß.[...] Da kamen ihre drei Brüder und sagten: ‚Schwester, was machst du hier?' ‚Ich habe gegessen.' ‚Wir wollen auch essen!' Und sie aßen auch." Erinnert sei an die bereits zitierte Geschichte von O.: „Ein Mann und eine Frau waren sehr arm: Der Mann fischte, und die Frau putzte. Als die Frau mal frische Luft schnappen ging, kam ein Mann geritten. Der gab ihr eine Tüte und sagte: ‚Da könnt ihr euch was wünschen, und es geht in Erfüllung. Aber leise und immer in die Tüte hinein.' Da wünschten sie sich alles und wurden reich und lebten in einem Schloss. Und von dem Geld haben sie allen Armen gegeben und dann waren alle reich."

In einer anderen, selbsterfundenen Geschichte von A. (arabisch) kommt ein Junge in einen Zaubergarten:

Es war einmal ein Baum. Der hatte Nüsse und Äpfel, und das war ein besonderes Gewächs: Apfelnuss. Da war ein Junge, der hat das probiert und dann alle Früchte aufgegessen. Aber die wuchsen immer wieder nach. Da hat der die verkauft und sehr viel Geld verdient. Da war ein Krug, und damit hat er den Baum gegossen. Und da wachsen Bananen und alle Vitamine. Das sahen die Dorfbewohner und wollten das. Aber der Junge wollte Geld. Der Junge hat einen Garten gebaut und die Samen reingesteckt, und da wachsen Tannenbaum und Sonnenblumen. Und dann ist da noch was Tolles gewachst: Apfelblumen. So Blumen mit ganz kleinen Äpfeln dran. Aber die waren sehr teuer. Die kosteten 20 Euro. Hat er billiger gemacht: 5 Euro. Hat er viel verkauft, und dann wurde er älter und hat geheiratet und ein Baby bekommen.

Mitunter identifizieren sich die Kinder in solchen Geschichten derart mit den Helden, dass sie in die Ich-Form wechseln und damit die Distanz zum Artefakt aufgeben:

Ein Junge findet ein Huhn. Ich hatte ein Huhn, das konnte Geld spucken. Dann habe ich ein Riesenhaus gekauft, 20 Zimmer. Jedes Zimmer hat einen Schrank. In einem Zimmer schlafe ich. Es gibt drei Toiletten und ein Zimmer, in dem das Huhn schläft. Es heißt Goldhuhn.

Inhaltlich machen die zitierten Beispiele (über)deutlich, woran sich das Wunschdenken dieser Kinder entzündet, nämlich dort, wo sie die elementarsten Defizite empfinden: an materieller Not. Bedrängte Wohnverhältnisse, Jobsuche, Hunger, fehlendes Geld – hier wird das Märchen gleichsam zum Spiegel, in dem sie ihre soziale Realität wiederfinden. Die Glücksverheißungen des Volksmärchens haben bei diesen Kindern wieder zu jener semantischen Ebene zurückgefunden, die ihnen ursprünglich eingeschrieben war. Die elementaren Sehnsüchte des Volkes siedelten im Materiellen – in der Überwindung von verzehrender Armut und der vergeblichen Suche nach einträglicher Arbeit. Armut ist für diese Kinder keine Metapher, keine symbolische Repräsentation für Deprivation oder Liebesentzug. Sie ist für sie, was sie für die ursprüngliche Trägerschicht des Volksmärchens bedeutete: existenzielle Erfahrung.

Schlussfolgerungen

Am Ende seien nochmals die wesentlichen Besonderheiten des hier dokumentierten Projektes stichpunktartig zusammengefasst:

Bezogen auf die Schule

- □ schließt es die Kluft im Bereich der Bildungschancen: Künstlerisches Erzählen erreicht alle, tatsächlich alle (!) Kinder. Es ist d i e demokratische Form der Literaturvermittlung.
- □ Es ist ein Projekt, das in jeder Schule eingesetzt werden kann: Es bedarf keiner technischen Ausstattung und ist in diesem Sinne kostenunaufwändig und flexibel.

Bezogen auf die Schüler

- □ erweist es sich als ein ideales Verfahren, Kinder an die deutsche Sprache heranzuführen.
- □ Davon profitieren insbesondere Kinder mit Migrationshintergrund, in deren Elternhäusern nicht deutsch gesprochen wird, sowie Kinder aus sozial schwachen Milieus und Kinder mit erheblichen Lernschwierigkeiten.
- □ Die Sprach- und Erzählkompetenz der Kinder erweitert sich in einem latenten Lernprozess, in dem sich rationales und emotionales Verstehen auf fruchtbare Weise ergänzen. In besonderer Weise wird die Lust am Gebrauch einer poetischen Sprache geweckt.
- □ Das Erzählen von Märchen erweist sich als Grundschule literarischer Bildung.
- □ Über das Erzählen von Märchen werden die Kinder an Zeugnisse der Weltliteratur herangeführt und ihre Neugier auf die Herkunftskultur ihrer Eltern sowie auf andere Kulturen wird angeregt – ein Weg zur gegenseitigen Verständigung und Akzeptanz.
- □ Integrationsprozesse, die die Wahrnehmung der Besonderheiten verschiedener Kulturen einschließt, werden gefördert.
- □ Die Konzentrationsfähigkeit der Kinder, d.h. ihre unabgelenkte Aufmerksamkeit auf die Verlebendigung des gesprochenen Wortes, wird in erheblichem Maße gestärkt.
- □ Das Gleiche gilt für die Entwicklung der Phantasie, d.h. für die Fähigkeit, fiktive Welten durch eigene,

imaginierte Bilder zu erschaffen.

- □ Über das Märchen werden für die Kinder existenzielle Probleme ihres Alltags kommunizierbar und die Fähigkeit wird entwickelt, die Welt anders zu denken als sie ist.
- □ Das Erzählen wird zur Schule des alternativen Denkens.

Die Erfolge des Projektes sind gebunden zum einen an die Langfristigkeit und Intensität der Begegnung mit dem mündlich vermittelten Märchen (zwei- bzw. einmal wöchentlich über zwei Schuljahre), zum anderen an die Professionalität der Erzählerinnen. Beide Voraussetzungen sind unabdingbar, will man ähnliche Erfolge bei der Übertragung des Projektes auf andere Schulen erreichen.

Das Projekt ist geeignet, grundsätzlich nach der Wirkungsmacht des Erzählens in der Schule zu fragen, insbesondere bei der Vermittlung des Deutschen als Zweitsprache. Was uns an Erfolgen im Bereich des Spracherwerbs hier gelungen ist, erklärt sich vermutlich aus der Tatsache, dass diese Art der Sprachvermittlung starke Parallelen zum Erlernen einer Muttersprache aufweist.

Jedes Kind findet beim Erlernen der Muttersprache seinen eigenen Weg, bestimmt dabei sein eigenes Tempo. Kein Kind erwirbt beim Erlernen der Muttersprache bewusst und systematisch Vokabeln und grammatikalische Regeln. Es findet seinen Pfad im Ozean der Worte selbst, und baut eigenständig das lexikalische und grammatikalische Ordnungssystem auf, aus dem die Muttersprache gebildet ist. Es erlernt diese Sprache implizit, nicht in geregelter didaktischer Vermittlung.

Ähnliches erlebt das Kind beim Zuhören von Erzählungen. Auch hier wird es konfrontiert mit einem Ozean an Worten. Auch hier erwirbt es implizit ein Verständnis für die Lexik und Grammatik der fremden Sprache. Es erwirbt die fremde Sprache in einem selbstgesteuerten Lernprozess, also auto-didaktisch, und es bestimmt dabei seinen eigenen Weg und sein eigenes Tempo. Diese Art des Spracherwerbs basiert auf den Prinzipien der Selbstoptimierung und der Selbstkorrektur. Durch die wiederholte Begegnung mit sprachlichen Mustern und lexikalischen Wendungen prägen sich Lexik und Regeln ein ohne explizite Vermittlung. Geschwindigkeit und Umfang bestimmt das Kind selbst, nicht ein für alle verbindliches, vorgegebenes Curriculum.

Dabei sind Verweigerungshaltungen nicht auszuschließen. Sie werden nach unserer Beobachtung limitiert, in den meisten Fällen aufgehoben durch das gruppendynamische Prinzip der Ansteckung. Die Verweigerer erleben ihre Mitschüler als neugierige, begeisterte Zuhörer. Dem können sie sich kaum entziehen, folgen dem Beispiel der Mitschüler und bauen allmählich ihre Ressentiments ab. Zusätzlich entfaltet dann die Geschichte ihre Verführungskraft: Wer sich einmal auf den darin dargestellten Konflikt eingelassen hat, der will wissen, wie er sich auflöst.

Sog statt Druck – das altbekannte didaktische Erfolgsrezept hat auch hier seine universelle Gültigkeit bewiesen.

Die Erfolge des Projektes sollten den Anstoß geben, nach unterschiedlichen Möglichkeiten einer systematischen Verankerung des Erzählens in der Schule zu suchen.

Diese könnten sein:

- □ Professionelle Erzähler gehören zum festen Personalbestand der Schule.
- □ Als solche vermitteln sie in der Grundschule Märchen aus allen Kulturen, aus denen die Eltern bzw.

Großeltern der Schüler kommen.

- □ In der Haupt-/Realschule und im Gymnasium vermitteln sie Mythen, die zum Grundbestand der jeweiligen Weltkulturen gehören.
- □ Sie vermitteln ihre professionelle Erzählkompetenz an Lehrer/innen weiter, übernehmen deren Qualifizierung im Bereich des Erzählens.
- □ Sie beziehen Eltern in die Erzählprojekte ein. Sie ermuntern diese, in der Familie ihrer Aufgabe als Vermittler kultureller Identität und Literatur gerecht zu werden.

Ausblick

Im September 2007 erhielt das Projekt den Sonderpreis der Jury des bundesweiten Wettbewerbs ‚Kinder zum Olymp', ausgelobt von der Kulturstiftung der Länder und der Deutschen Bank Stiftung. Ein anonymer Spender erhöhte die Preissumme von 5000 Euro nochmals um 2500 Euro. Damit konnte das Projekt an der Anna-Lindh-Schule für ein Jahr weitergeführt werden.

Auf Grund der deutlich sichtbaren Erfolge des Projektes war es naheliegend, es auf möglichst viele Brennpunktschulen auszudehnen. Die stärkste ideelle Unterstützung kam von Wolfgang Köpnick, Bezirksschulrat von Berlin-Mitte. Er und der damalige Senator für Bildung, Klaus Böger, überzeugten sich vor Ort von der Anlage und dem Verlauf des Projektes. Beide erlebten eine bzw. mehrere Erzählstunden und zeigten sich beeindruckt von der Professionalität der Erzählerinnen, von ihrem Mut, sich sprachlicher Wendungen zu bedienen, die den Kindern fremd waren, von der Konzentration der Kinder, ihrer Begeisterung beim Zuhören, ihren emotionsgeladenen Nachfragen am Ende der Erzählstunde. Wolfgang Köpnick: „Das ist genau das, was unsere Kinder brauchen. Die Kanäle ihrer Phantasie sind verstopft. Das Erzählen öffnet den Zugang zur Imagination und zur Sprache. Haben Sie für 30 Schulen in meinem Stadtbezirk genügend Erzähler? Das müssen wir überall anbieten!" In den darauf folgenden Monaten hospitierten Direktoren und Lehrer anderer Grundschulen in den Erzählstunden. Auf Einladung von Wolfgang Köpnick stellte Kristin Wardetzky das Projekt im Rahmen von zwei Direktorenkonferenzen vor. Bis auf wenige, deren Schule bereits über ein musisch-ästhetisches Profil verfügen, wollten alle anwesenden Direktoren den Erzählerinnen die Türen zu ihren Schulen öffnen. Die Zustimmung endete jedoch stets bei der Frage: Und wer finanziert das Ganze?

Anfragen wegen finanzieller Unterstützung bei Senator Böger wurden nicht beantwortet. Das Büro des nachfolgenden Senators für Wissenschaft und Bildung, Jürgen Zöllner, beantwortete die Anfrage mit wohlwollender Zustimmung, sah aber keine Möglichkeit, hierfür Mittel aus dem zentralen Haushalt zur Verfügung zu stellen. Die Senatsverwaltung für Stadtentwicklung wies ebenfalls den Antrag auf Förderung zurück.

Anfragen bei 12 Stiftungen (u.a. Hertie-Stiftung, Bosch-Stiftung) blieben entweder unbeantwortet oder wurden abschlägig beschieden.

Unterschiedliche Erfolge brachte die Anfrage bei verschiedenen Quartiersmanagements. So unterstützte das QM Sparrplatz, auch im Wedding gelegen, fünf weitere Erzählerinnen von September bis Dezember 2007. Über die Finanzierung durch die ‚Aktion Mensch' hatten diese Erzählerinnen bereits von Mai bis Juli 2007 in verschiedenen Brennpunktschulen gearbeitet.

Die Theresia-Zander-Stiftung förderte die Weiterführung in diesen Schulen von Januar bis März 2008.

Ein Brandbrief an den Bundespräsidenten, Horst Köhler, mit der Bitte, den gordischen Knoten zu durchschlagen und Wege für eine umfängliche Förderung in einem gemeinsamen Gespräch zu eruieren, beantwortete sein Büro in ähnlicher Weise wie die Stiftungen: großes Lob für das Projekt, verbunden mit der Empfehlung, sich an Geldgeber aus Industrie und Wirtschaft zu wenden.

Diese Vorgänge sind schwer verständlich, wenn man bedenkt, dass das Projekt zu einer Art Exportschlager geworden ist: Das Theaterhaus Frankfurt konnte das Hessische Ministerium für Bildung, das Ministerium für Soziales und das Ministerium für Kultur zu einer Übertragung des Projektes im Raum Frankfurt überzeugen – unter Einbeziehung von ca. zehn Schulen, verschiedener Kindergärten und Bibliotheken. Das Theater Heilbronn, einer Stadt mit extrem hohem Ausländeranteil, wird das Projekt in modifizierter Form realisieren.

Anfragen zu Vorträgen an die Universitäten Hildesheim, Hamburg, der Hochschule für Musik und Theater Rostock, der Akademie Remscheid und der Akademie für kulturelle Bildung Wolfenbüttel sprechen für die Resonanz, die es außerhalb von Berlin findet. Selbst das Ausland zeigt sich beeindruckt: Irische und schottische Storytelling-Organisationen haben im Verbund mit dem Goethe-Institut Kristin Wardetzky eingeladen, das Projekt in diesen Ländern vorzustellen. Das ist um so beeindruckender, als dort das Erzählen eine hohe öffentliche Reputation genießt und das Erzählen in Schulen zu einer der Hauptbeschäftigungen der Erzähler gehört. Überzeugt hat die irischen und schottischen Vertreter vor allem die Langfristigkeit des Projektes und dessen umfangreiche Dokumentation, da damit zum ersten Mal die Wirkung solcher künstlerischer Initiativen nachgewiesen werden konnte.

Anmerkungen

1 Einer aktuellen Studie des Stadtsoziologen Hartmut Häußermann zufolge ist die Kinderarmut in bestimmten Berliner Stadtbezirken, u.a. auch im Wedding, besonders groß. „38,5 % aller Kinder wohnen der Studie zufolge in Haushalten, die von staatlicher Unterstützung leben. Auch bei den Kindern wächst die Kluft zwischen Arm und Reich", so Ulrich Paul mit Bezug auf diese Studie in der Berliner Zeitung vom 22. 11. 2007, S. 20. In der in diesem Beitrag veröffentlichten Statistik gehört der Wedding zu den Stadtbezirken mit dem niedrigsten sozialen Status.

2 Aus Datenschutzgründen wurden die Namen der Kinder anonymisiert. In Klammern angegeben ist das Herkunftsland der Eltern.

3 Vgl. Wardetzky 1991 und Wardetzky/Weisse 2000.

4 Walter Scherf (1987) gliedert aus dem Korpus der Zaubermärchen die ‚Kindermärchen' aus, die mit der Aussendung eines/mehrerer Kinder ins ‚Dämonenland' beginnen und mit der Rückkehr der Kinder ins Elternhaus enden.

5 Nach einer Presseerklärung vom 22. 11. 2004 der CDU-Fraktion haben laut Sprachstandstest ‚Bärenstark' 40 % aller Kinder und sogar 80 % aller ausländischen Kinder sprachliche Defizite.

6 Walter Scherf kommt das Verdienst zu, im interkulturellen Vergleich eine Gruppe von Spielen extrapoliert zu haben, in der die Kindergruppe sich bedroht fühlt von einer dämonischen Gestalt und diese besiegt. Der obligatorische Rollenwechsel zwischen Opfer und Täter ermöglicht es dem Kind, beide Rollen zu erproben und damit festgeschriebene gruppenspezifische Hierarchien bzw. Rollenverteilungen außer Kraft zu setzen. Vgl. Scherf 1974.

7 Hier unterscheidet sich die europäische Erzähltradition von derjenigen in den USA: Dort wird in der Regel mit Mikrophon vor der gesamten Schülerschaft einer Schule erzählt. Vgl. Sobol 1999.

8 Franz Fühmann: Die dampfenden Hälse der Pferde im Turm zu Babel. Der Kinderbuchverlag Berlin 1978, 13.

9 Vgl. dazu ausführlich: Wardetzky 2007, 46.

10 Siehe dazu: Hedwig Rost/Jörg Baesecke: Höher als der Himmel, tiefer als das Meer. Ein Erzähl- und Theater-Werkbuch. Frankfurt a. M. 2007.

11 Dies mag ein Ergebnis der Literarisierung des Volksmärchens sein. Aufzeichnungen im Rahmen der Feldforschung belegen, dass die Erzähler in der Regel zwischen Präsens, Präteritum und Perfekt wechseln. Die Verwendung des Präsens dient dann zur Vergegenwärtigung des Geschehens. Auch die am Projekt beteiligten Erzählerinnen bedienten sich dieses Mittels.

Literatur

Bausinger, Hermann: Stichwort Erzählforschung. In: Enzyklopädie des Märchens. Bd. 4, Berlin/New York 1999, Spalte 342–348.

Blumenberg, Hans: Arbeit am Mythos. Frankfurt a. M. 1984.

Boothe, Brigitte (Hg.): Wie kommt man ans Ziel seiner Wünsche? Modelle des Glücks in Märchentexten. Gießen 2002.

Canetti, Elias: Die Stimmen von Marrakesch. München/Wien 1968.

Dégh, Linda: Stichwort Erzählen, Erzähler. In: Enzyklopädie des Märchens. Bd. 4, Berlin/New York 1999, Spalte 315–342.

Dorson, M. Richard: American Negro Folktales. Greenwich/Conn. 1968.

Fiebach, Joachim: Inszenierte Wirklichkeit. Theater der Zeit Recherche. Berlin 2008.

Haggarty, Ben: Memory and Breath – Professional Storytelling in England and Wales. An unofficial report conducted via e-mail survey. CRDTS epicstory2@aol.com

Karlinger, Felix: Märchenerzähler im Mittelmeerraum. Ein Überblick. In: R. Wehse (Hg.): Märchenerzähler – Erzählgemeinschaft. Kassel 1983.

Kurzenberger, Hajo: Erzähltheater. In: H. Kurzenberger (Hg.): Praktische Theaterwissenschaft. Spiel – Inszenierung – Text. Hildesheim 1998.

LaSalle, Bruno: Plaidoyer pour les Arts de la parole. The Art of the Spoken Word. CliO – Centre de Littérature Orale o.J.

Merkel, Johannes: Die Resonanz zwischen Erzähler und Publikum. In: H. H. Ewers (Hg.): Kindliches Erzählen – Erzählen für Kinder. Weinheim/Basel 1991.

Schenda, Rudolf: Von Mund zu Ohr. Bausteine zu einer Kulturgeschichte volkstümlichen Erzählens in Europa. Göttingen 1993.

Scherf, Walter: Ablösungskonflikte in Zaubermärchen und Kinderspiel. In: Medien & Sexualpädagogik 2 (1974), Heft 4, S. 14–24.

Scherf, Walter: Die Herausforderung des Dämons. Form und Funktion grausiger Kindermärchen. München et al. 1987.

Sobol, Joseph D.: The Storytelling Journey: An American Revival. University of Illinois Press, Urbana/Chicago 1999.

Wardetzky, Kristin: Märchen – Lesarten von Kindern. Eine empirische Studie. Berlin et al. 1992.

Wardetzky, Kristin: Märchen als Erzählung und Trickfilm. Eine rezeptionspsychologische Vergleichsuntersuchung. In: K. Franz/W. Kahn (Hg.): Märchen – Kinder – Medien. Baltmannsweiler 2000.

Wardetzky, Kristin: Projekt Erzählen. Baltmannsweiler 2007.

Wehse, Rainer: Volkskundliche Erzählforschung. In: R. Wehse (Hg.): Märchenerzähler – Erzählgemeinschaft. Kassel 1983.

Weisse, Suse: Simsala versus Grimm? Eine empirische Untersuchung. In: K. Franz/W. Kahn (Hg.): Märchen – Kinder – Medien. Baltmannsweiler 2000.

Wilson, Michael: Storytelling and Theatre. Contemporary storytellers and their art. Houndmills/New York 2006.

Yashinsky, Dan: Suddenly They Heard Footsteps. Storytelling for the Twenty-First Century. Toronto 2004.

Hubert Ivo
Statt eines Nachwortes

ERZÄHLEN IN DER SCHULE

1. Vorklärungen
2. Was tun wir, wenn wir sprechen?
3. Referieren auf „wirkliche" oder auf „fiktive" Welt
(Humboldt: Poesie und Prosa)
4. Pluralität als conditio humana in ihrer zeitgeschichtlichen Problematik
5. Schlussfolgerungen

1. Vorklärungen

So formuliert, macht die Verknüpfung der Wörter *Erzählen* und *Schule* das Thema zu einem didaktischen. Wir denken an die Normen der Lehrpläne, die festlegen, in welchen Klassenstufen, in welchen fachlichen Zusammenhängen, mit welchen Lehrzielen und in welcher methodischen Ausgestaltung Narration Gegenstand des Lehrens und Lernens in der Schule ist. Wer sich ein wenig auskennt, weiß, dass Erzählen in der Grundschule eine wichtige Rolle spielt, vielleicht noch in den Eingangsklassen der weiterführenden Schulen. Dann freilich wird das persönliche Erzählen, sei es mündlich, sei es schriftlich, zunehmend durch die Lektüre narrativer Literatur ersetzt, ein Lehr- und Lernthema, das als ein literarisches gekennzeichnet wird; es unter dem Titel *Erzählen in der Schule* vorzustellen, wäre ganz und gar unüblich. Schon die Formulierung, die Lektüre narrativer Literatur *ersetze* das Erzählen, wird eher befremdend klingen, da beides kaum als aufeinander bezogen empfunden, sondern kategorial unterschieden wird.

Der Titel *Erzählen in der Schule* gewinnt eine andere Bedeutung, wenn sich die Universität der Künste des Themas annimmt und deren Absolventen in der Schule auftreten. Das Thema wird zu einem künstlerischen. Für Künstler ist die Schule kein genuiner Ort ihrer Tätigkeit, es sei denn, sie strebten eine Lehrtätigkeit in den musischen Fächern an. Aber besuchsweise werden Künstler zu einem Auftritt in die Schule geladen; und ihr Erscheinen ist eine willkommene Unterbrechung kreidepädagogischer Routine.

Eine Besonderheit ist allerdings zu nennen: Im Kreise von Schauspielern, Musikern, Dirigenten, Malern und Bildhauern nehmen sich Erzähler und Erzählerinnen fremd aus. Sie zählen nicht zur etablierten Künstlergarde. Zu dieser Besonderheit ließe sich anführen, dass Kunstgattungen entstehen und vergehen, dass ein Blick in die Geschichte der Hochschule/Universität der Künste Berlin zeigt, welch neue Kunstformen allein im letzten Jahrhundert zu neuen Studiengängen geführt haben. Warum also nicht das Stichwort von der „Renaissance des Erzählens" aufgreifen?

Damit scheint jedoch eine theoretische Verdeutlichung dessen, worauf das Wort *Erzählen* verweist, vonnöten, sowie eine zeitgeschichtliche Herleitung, die das Stichwort „Renaissance des Erzählens" plausibel machen kann. Ersteres sei entlang einer skizzenhaften Antwort auf die Frage „Was tun wir, wenn wir sprechen?" versucht; Letzteres, indem menschliche Pluralität als *conditio humana* verstanden in ihrer zeitgeschichtlichen Problematik umrissen wird.

2. Was tun wir, wenn wir sprechen?

Verstehen wir Philosophie als die Anstrengung, zu wissen, wovon die Rede ist, dann ist dies eine philosophische Frage. Entsprechend ist der Versuch einer Antwort - die folgende Skizze einer Theorie des Sprechens - ein philosophischer Versuch.

Was tun wir, wenn wir sprechen? Wir sprechen über etwas (von etwas), tun dies, indem wir zu bzw. mit jemandem sprechen, und tun dies als leibgeistige, endliche und freie Wesen.

Für die theoretische Verdeutlichung des Wortes *Erzählen* im Thema *Erzählen in der Schule* sind die beiden ersten Antworten unmittelbar relevant. Das gilt auch, allerdings in unterschiedlicher Weise, von der dritten Antwort.

Wir sprechen über etwas.

Das Insgesamt dessen, worüber wir sprechen, nennen wir Welt; den Akt, in dem sich solches vollzieht, nennen wir Referieren. Da wir in der „Mitte der Dinge“[1] leben und über deren Anfänge und Enden nichts Verlässliches wissen, gilt: Wir referieren in und mittels derjenigen Einzelsprache auf Welt, die im Kindesalter in uns hineingesprochen worden ist, und in die wir uns während dieser Lebensphase eingelebt haben. Die Welt, auf die wir referieren, ist somit diejenige, die uns diese bestimmte, einzelne Sprache zuführt. Eignen wir uns weitere Sprachen an, gewinnen wir mit jeder neuen eine neue Weltansicht.[2] Der Begriff des Referierens ist der erste Baustein in der Skizze einer Theorie des Sprechens.

Wir sprechen mit jemandem.

Das Insgesamt derjenigen, zu denen wir sprechen, nennen wir die Anderen. Den Akt, in dem sich solches vollzieht, nennen wir zunächst Kommunizieren. Das Wort „Kommunikation“ hebt hervor, dass dasjenige, worüber gesprochen wird, zwischen denen, die miteinander sprechen, sprachlich zu einem Gemeinsamen wird. Diesen Akt nennen wir aber auch Alterisieren. Dieser Begriff hebt hervor, dass der Prozess, in dem etwas sprachlich gemein wird, sich als Anrede und Erwiderung[3] vollzieht. Weil damit herausgestellt wird, was unser Zu- und Miteinander-Sprechen ausmacht, wähle ich den Begriff des Alterisierens zum zweiten Baustein dieser Skizze.

Während unsere schulgrammatische Tradition und die Sprachphilosophie dem Akt des Referierens und damit der weltkonstitutiven Rolle von Sprache viel Aufmerksamkeit geschenkt hat, die verschiedenen Positionen, diesen Akt zu deuten, deutlich formuliert sind, fand das Alterisieren, das Anreden und Erwidern, nicht in gleicher Weise Beachtung. Es schien lange Zeit ein sprachphilosophisch wenig ergiebiges Thema zu sein. Darum diese drei Anmerkungen zu diesem Teilakt des Sprechens.

[a] Zu denjenigen, die das Anreden und Erwidern in den Mittelpunkt ihrer philosophischen Analysen gerückt haben, gehört Emmanuel Lévinas. Seine Philosophie kreist um den „Humanismus des anderen Menschen“ (also nicht um einen, der von einem souveränen, autonomen, freien Subjekt seinen Ausgang nimmt). Der Akt des Anredens wird in diesem Denkansatz zu einem vorrangigen und seine „begegnende“ Qualität wird gegenüber der „erkennenden“ des Referierens hervorgehoben. „Ist derjenige, zu dem man spricht, schon im vorhinein verstanden in seinem Sein? Durchaus nicht. Der Andere ist nicht zunächst Gegenstand des Verstehens und danach Gesprächspartner.“ Die Besonderheit der Begegnung im Unterschied

zum Erkennen kommt im Grüßen zum Ausdruck:

> *Der Mensch ist das einzig Seiende, dem ich nicht begegnen kann, ohne ihm diese Begegnung selbst auszudrücken. Genau dadurch unterscheidet sich die Begegnung von der Erkenntnis. Jede Haltung gegenüber dem Mitmenschen impliziert das Grüßen – sei es auch als Verweigerung des Grußes.*

Schließlich pointiert er diese Beobachtung noch grammatisch:

> *Was das auf einen Gegenstand gerichtete Denken von einer Verbindung mit einer Person unterscheidet, ist die Tatsache, dass letztere sich als Vokativ ausspricht. Der Gegenstand der Benennung ist zugleich das Angerufene.*[4]

[b] Das sprachliche Rüstzeug, das uns für das Alterisieren, das Anreden und Erwidern, zur Verfügung steht, ist der Vokativ als Kasus des Eigennamens, sind die Konjugationsformen der ersten und der zweiten Person des Verbs und die erste und zweite Person des Personalpronomens. Weder die Flexionsformen noch die Pronominalwörter haben einen für uns Heutige unmittelbar einsichtigen Vorstellungsgehalt. Kämen wir einem solchen auf die Spur, so könnten diese Formen und Wörter zu uns sprechen und dem sprachlich abstrakten Vollzug des Alterisierens in unserer Vorstellung einen Halt geben. Wilhelm von Humboldt hat eine solche Spur u.a. in der „Neu-Seeländischen Sprache" aufgenommen:

> *Will man nun einen Menschen überhaupt, für den man keine besondere Benennung hat, anreden, so giebt es dafür ein eignes, in Beziehung auf Menschen, allein im Vokativ gebräuchliches Wort :mara ... E mâra, gebraucht wie unser rufendes du, ihr, heisst also wörtlich o gegenüber. Zugleich aber, und dies ist sichtlich der ursprünglichere Begriff, heisst mâra ein offener, der Sonne ausgesetzter Platz, und ist dasselbe Wort mit mârama, hell, erleuchtet, Licht. Diese Metapher ist also hier auf das im Gegenüberstehen frei entfaltet da liegende, entgegenleuchtende menschliche Gesicht angewendet. Wir können es ganz treu durch o Antlitz übersetzen.*[5]

[c] Anrede und Erwiderung als die Tätigkeiten, in denen sich Alterisieren vollzieht, haben zur *Voraussetzung* eine gemeinsame Form, in der ein Ich und ein Du sich dialogisch austauschen können. Üblicherweise ist diese Form für uns eine gemeinsame Sprache. Eine *erste Gelingensbedingung* des wechselseitigen Verstehens besteht nun darin, dass Ich und Du, zueinander sprechend und aufeinander hörend, darum wissen, dass sich ihr Reden und Hören aus je einem anderen Redeursprung herleitet und darum Missverständnisse trotz der gemeinsamen Sprache unvermeidlich sind. Zu dieser Gelingensbedingung gehört, dass sich aus diesem Wissen der Wunsch und der Wille bildet, diese auszuräumen. Die *zweite Gelingensbedingung* besteht in dem Wissen, dass der Wunsch und der Wille, Missverständnisse auszuräumen, aber auch die Andersheit des Anderen respektieren muss, um nicht in „Verstehenswut"[6] umzuschlagen, die dem Anderen nach der Andersheit (also nach dem Leben) trachtet. Fragen wir nach den *Beweggründen* für unser Alterisieren, so sehen wir uns auf zwei Antworten verwiesen, die uns mythisch-narrativ oder begrifflich-diskursiv in unterschiedlichen Kontexten europäischen Nachdenkens begegnen und sich um zwei Wörter herum gebildet haben: Entgrenzung und Hingabe. Sie gewinnen ihre spezifische Bedeutung aus den *conditiones humanae* „Gebürtlichkeit" und „Sterblichkeit".[7]

Wir sprechen als leibgeistige, endliche und freie Wesen.

Wenn wir sprechen, entäußern wir ein Inneres. Dazu müssen wir dieses Innere mit etwas sinnlich Wahrnehmbaren vereinigen. In der Regel nutzen wir hierzu lautliche und visuelle Gebilde, und zwar so, dass wir diese beiden wechselseitig aufeinander beziehen. Den artikulatorischen Akt, mit dem wir im jeweiligen Sprechen den Laut bzw. das visuelle Gebilde zum Ausdruck des Gedankens fähig machen (W. v. Humboldt[8]), nennen wir *Setzen*$_1$. Der Akt ist nötig, weil wir als *leibgeistige* Wesen miteinander sprechen und nicht – metaphysisch geredet – nach Art reiner Geister untereinander verkehren.

Auch im Wörtervorrat bringt sich unsere leibgeistige Natur zur Geltung, insofern alle Wörter, mit deren Hilfe wir auf Welt referieren oder redend alterisieren, in der Anschauung, in unserer sinnlichen Erfahrung gründen. Mit Hilfe der Wörter bilden wir uns eine Vorstellung von etwas. Aus der Vorstellung entwickeln wir den Begriff. Mit dem Wort „Pferd" z.B. verbinden wir eine Vorstellung, eine Art Suchbild. Diese Vorstellung ist keine von einem besonderen Pferd, keine mit der wir auf „dieses da" verweisen (die hochrahmige zweijährige frohwüchsige Schimmelstute meiner Tochter); sie ist ein aus unterschiedlichen Merkmalen gebildetes Konglomerat. Sie ermöglicht es uns, mit Hilfe des aus ihr gebildeten Begriffswortes „Pferd" unterschiedliche Pferde, die wir auf der Welt antreffen, unsere Vorfahren angetroffen haben, unsere Kinder und Enkel antreffen werden, unter diesem Wort zu subsumieren und diese Klasse von allem, was Nicht-Pferde sind, zu unterscheiden. Wichtig ist es, dass wir die Differenz zwischen dem Vorstellungs- und Begriffsgehalt des *Wortes* „Pferd" und dessen *zoologischer Definition* im Auge behalten. Das Wort, lebensweltlich gebraucht, erzählt uns, wenn wir es im Nachdenken über die Wörter zum Reden bringen, eine Beziehungsgeschichte zwischen Menschen und diesem Tier. Die wissenschaftliche Definition dagegen ist Teil eines Klassifikationssystems aus einem Guss mit einem ausschließlich rationalen Ziel.

Wie können aber jene Wörter in unserer Sinnlichkeit gründen, die sich ausdrücklich auf Unsinnliches, Geistiges, Innerseelisches beziehen? Sie leihen sich den Anschauungsgehalt von der Sinnenwelt aus, und diese Leihgaben sorgen für Bilder, in denen wir Unsinnliches wahrzunehmen vermögen. Das Wort „Begriff" z.B. verweist unzweifelhaft auf etwas Geistiges, holt sich die Anschauung aber von der Hand, die etwas greift, umgreift, in sich begreift.[9] Dasjenige, was mit Hilfe dieser Leihgabe entsteht, nennen wir seit altgriechischen Zeiten „Metapher", ein *Wort*, das die Sprecher dieser Sprache anregt, sich die Vorstellung zu bilden, etwas werde von einem zu einem anderen getragen, übertragen.

Grundsätzlich lassen sich die Vorstellungen, die wir benutzen, um auf etwas Unsinnliches zu referieren, als Übertragungen, als Metaphern verstehen: Vorstellungen aus der Welt, die uns zuhanden, werden hinübergetragen in die Welt des Denkens, Fühlens und Wollens. Freilich, wer noch nie auf diese Übertragung – sozusagen – gestoßen ist, wird über das Anschauliche im Wort „Begriff" nicht nachdenken. Dagegen wird ihm die „schwarze Milch der Frühe" in der Todesfuge Celans sofort als bildliche Ausdrucksweise auffallen. Metaphern der ersteren Art werden gerne „tote" Metaphern genannt. Gemeint ist damit: Sie fallen uns als Metaphern nicht auf. Wirksam im Sinne der Anregung, Vorstellungen zu bilden, sind sie aber sehr wohl. Eine prominent gewordene Untersuchung aus jüngster Zeit verweist im Titel auf das Lebensbedeutsame solcher Metaphern: Metaphors we live by.[10] Gegenstand dieser Untersuchung sind durchweg Metaphern, denen wir im Redealltag als solchen keine *gerichtete* Aufmerksamkeit schenken. Der Akt, mit dessen Hilfe wir sinnlich Erfahrenes als Vorstellungshilfe für Unsinnliches in unseren Wörtern verankern, nennen wir *Setzen*$_2$.

Als leibgeistige Wesen sind wir endlich. Unsere Endlichkeit bringt sich im Akt des Setzens zweifach zur Geltung, in Bezug zum jeweiligen Ursprung der Rede und im Bezug auf das Nacheinander, in dem wir die Elemente der Rede ordnen. In Bezug auf den jeweiligen Ursprung des Sprechens ist unser Sprechen unausweichlich mit Endlichkeitsbedingungen menschlichen Lebens verknüpft, und zwar dreifach: mit der Zeit, dem Raum und der Person. Wer spricht, tut es *jetzt, hier* und als das *Ich*, das die Person ist. Damit ist die Position des jeweils Sprechenden im Redeuniversum temporal, lokal und personal definiert. Diese Definition nennen wir *Setzen*$_3$.

Unsere Endlichkeit bringt sich weiterhin darin zur Geltung, dass wir alles, was wir über Welt und in Anrede und Erwiderung sagen, in ein zeitliches Nacheinander bringen müssen. Was wir beispielsweise an Eindrücken von einem griechischen Tempel simultan gegenwärtig haben, muss sich, wenn wir über diese Eindrücke reden, in die Ordnung eines Nacheinanders finden. Die Ordnung der Redeteile im Sprechen wird bestimmt von der Stelle, die ein bestimmter Teil unter den anderen einnimmt, von Parallelisierung (Gleichordnung) von Teilen und Hierarchisierung der Teile (Über- bzw. Unterordnung). Die Ordnung des Nacheinanders im Sprechen ist also eine der Topik, der Kongruenz und der Dependenz. Das Herstellen dieser Ordnung im konkreten Sprechen nennen wir *Setzen*$_4$.

Um den Akt des Sprechens abschließend charakterisieren zu können, fehlt noch die Klärung, wie sich dieser Akt zur menschlichen Freiheit verhält. Die Antwort fällt auf den ersten, nicht aber mehr auf den zweiten Blick widersprüchlich aus. Wir sprechen so, wie wir sprechen, weil wir so sprechen müssen. Der Zwang aber ist kein physischer und auch kein logischer. Vielmehr leitet er sich her aus dem Wunsch und Willen der Sprecher, mit dem, was sie sagen, verstanden zu werden. Dagegen steht ein Anderes: Jedes Sprechen, sei es auch noch so konventionell, ist per se ein *schöpferischer* Akt und als ein solcher – ein Akt der Freiheit. Denn, um verstanden zu werden, greift der Sprecher auf Sprache als auf eine Quintessenz des schon Gesprochenen zurück, versetzt diese aber in den Ursprung seines Sprechens, das damit unausweichlich seine temporale und lokale Perspektive, aber auch seine persönlichen Eigenarten annimmt. Beides ist uns im Redealltag geläufig, was sich an einer Redensart wie dieser ablesen lässt: „Aus deinem Munde klingt es anders." Im Wort „klingt" verschmelzen die Eigenarten persönlicher Artikulation mit denen der spezifischen Bedeutungsnuancierung. Der Freiheitsspielraum des Einzelnen – so scheint es – ist freilich gegenüber der Macht des bereits Gesprochenen gering. Dieses Urteil berücksichtigt aber nicht, wie formbar, wie plastisch unsere Wörter sind. Es berücksichtigt ferner nicht, „die Gewalt, welche alles lebendig Geistige über das todt Ueberlieferte ausübt".[11] Der Akt, in dem sich Zwang und Freiheit vermitteln, nennen wir *Setzen*$_5$.

3. Referieren auf „wirkliche" oder auf „fiktive" Welt

Was tun wir, wenn wir sprechen? Die erste der drei Antworten lautete: Wir reden über bzw. von etwas, wir referieren auf „Welt". In der Auslegung des Ausdrucks *referieren auf Welt* ist bislang noch eine Unterscheidung unberücksichtigt geblieben, die präzisiert, wie sich der Akt des Sich-auf-Welt-Beziehens vollzieht:
- als Anspannung aller Kräfte, das Andere, die Welt, in sich aufzunehmen;
- als die Anspannung aller Kräfte, etwas Wahrnehmbares, Begreifbares, Sinn-Volles zu erfinden und aus sich herauszuspinnen.

Wilhelm von Humboldt fasst dieses zweifache Referieren mit den Begriffen Poesie und Prosa. Welt wird in seinem Begriff von Prosa als das Wirkliche, in seinem Begriff von Poesie als das Fiktive vorgestellt und gedacht.

Wilhelm von Humboldt: Poesie und Prosa
Poesie und Prosa bezeichnen nach Humboldt „Erscheinungen der Sprache", in denen sich „Entwicklungsbahnen der Intellectualitaet" ausdrücken. „Wenn man beide zugleich von der ihnen am meisten concreten und idealen Seite betrachtet, so schlagen sie zu ähnlichem Zweck verschiedene Pfade ein. Denn beide bewegen sich von der Wirklichkeit aus zu einem ihr nicht angehörenden Etwas: die *Poesie* fasst die Wirklichkeit in ihrer sinnlichen Erscheinung, wie sie äusserlich und innerlich empfunden wird, auf, ist aber unbekümmert um dasjenige, wodurch sie Wirklichkeit ist, stösst vielmehr diesen ihren Charakter absichtlich zurück. Die sinnliche Erscheinung verknüpft sie sodann vor der Einbildungskraft und führt durch sie zur Anschauung eines künstlerisch idealen Ganzen. Die *Prosa* sucht in der Wirklichkeit gerade die Wurzeln, durch welche sie am Daseyn haftet, und die Fäden ihrer Verbindungen mit demselben. Sie verknüpft alsdann auf intellectuellem Wege Thatsache mit Thatsache und Begriffe mit Begriffen und strebt nach einem objectiven Zusammenhang in einer Idee. (...) Beide, die poetische und die prosaische Stimmung müssen sich zu einem Gemeinsamen ergänzen, den Menschen tief in die Wirklichkeit Wurzeln schlagen zu lassen, aber nur, damit sein Wuchs sich desto fröhlicher über sie in ein freieres Element erheben kann."[12]

4. Pluralität als conditio humana in ihrer zeitgeschichtlichen Problematik

Pluralität oder wie Humboldt sagt *Verschiedenheit* als eine der Bedingungen menschlichen Daseins aufgefasst (Hannah Arendt), wirft als solche keine historischen Fragen auf. Historisch sind diejenigen Fragen, die die Lösungen der Probleme betreffen, die mit unserer menschlichen Pluralität aufgeworfen sind. Das in der langen europäischen Geschichte von den Römern ererbte Verfahren, Neues und Abweichendes im Lichte dessen zu prüfen, was von den Vätern überliefert, scheint uns zunehmend kein akzeptabler Weg mehr zu einem *letzten Wort* in einem Disput zu gelangen, zu einem letzten als einem wahren Wort. Der Weg, der uns bleibt, wenn der der Tradition versperrt ist, ist der des Dialogs. Es ist ein mühsamer Weg. Es bedarf viel mehr als nur des Rufs nach Toleranz und Gesprächsbereitschaft, jedenfalls dann, wenn Indifferentismus nicht das letzte Wort gegenüber Wahrheitsansprüchen sein soll. Denn der dialogische Weg ist nicht der diplomatische, ein Weg des Interessenausgleichs, auf dem Zustimmung erreicht wird, weil alle etwas verlieren und alle etwas bekommen. Wie wäre auf diese Weise Einvernehmen über rechtes Leben herzustellen? Die eine Seite macht ein paar Abstriche bei der Verurteilung von Mord, die andere gelobt dafür Eigentum zu achten?

5. Schlussfolgerungen

Erzählen - so lässt sich die sprachtheoretische Verdeutlichung zusammenfassen - hat als ein Akt des Referierens auf Welt seine Besonderheit darin, Ereignishaftes in der Zeit darzustellen, und zwar so, dass das je Einmalige im Geschehen und das Subjekthafte der Personen sprachlich gefasst wird. In unserem ‚verwissenschaftlichten' Umfeld ist das Referieren auf Welt als begrifflich-diskursiver Akt prominent geworden. Er zielt im Unterschied zum erzählenden Referieren nicht auf die Darstellung des je Einzelnen in der Zeit, sondern auf ein Allgemeines, auf die Darstellung zeitübergreifender Gesetzmäßigkeiten. Mit dem Wort *prominent* ist angedeutet, dass die beiden Formen des Referierens auf Welt nicht als gleichwertig angesehen werden. Erzählendes Referieren auf Welt darf seine Leuchtkraft mit öffentlicher Zustimmung in der Kinderstube entfalten; gilt im Alltag als gemeine Redeform, die kaum Aufmerksamkeit verdient; verliert selbst in einer ihrer Domänen im Gehäuse der Wissenschaften, in den Geschichtswissenschaften, ihre bis anhin unangefochtene Position. Das Projekt *Erzählen in der Schule* ist eine Antwort auf diese gegenwärtige Situation.

Erzählen hat als Akt des Alterisierens seine Besonderheit darin, den Sprecher und die Angesprochenen im Sprechen präsent zu halten. In unserem ‚verwissenschaftlichten' Umfeld ist das Ideal der *Ich-* und *Du*-losen Redeobjektivität prominent geworden. Objektivität scheint nur zu taugen, wenn sie unter Absehung der Person zustande kommt. Solche Prominenz ist unter gegenwärtigen Pluralitätsbedingungen fatal, da dialogische Formen der Verständigung über die Grundfragen des „rechten Lebens" immer mehr als die einzig noch akzeptierten gelten; fatal deshalb, weil nur eine Kultur des Alterisierens, also ein Reden unter Ansehung der Personen diesen Dialog möglich macht. Das Projekt *Erzählen in der Schule* ist eine Antwort auf diese gegenwärtige Situation.

Erzählen ist im Projekt der Universität der Künste eine Kunstform der Mündlichkeit. Als eine poetische Kunstform entfaltet sich das Erzählen auf einer „intellectuellen Entwicklungsbahn", die antreffbare Wirklichkeit transzendiert und die sinnlichen Elemente dieser Wirklichkeit zu einer neuen, fiktiven Einheit verbindet. Als eine Kunstform der Mündlichkeit bietet sie im dichten Netz medialer Infrastruktur die seltene und kostbare Erfahrung der Unmittelbarkeit. Auch in dieser Hinsicht ist das Projekt *Erzählen in der Schule* eine Antwort auf Probleme unserer gegenwärtigen Lebenswelten.

Anmerkungen

1 W. v.. Humboldt: Werke III. S. 227.

2 W. v. Humboldt: Werke III. S. 20.

3 W. v. Humboldt: Werke III. S. 138.

Ich gebrauche das Wort *Alterisieren*, wie es Brigitte Schlieben-Lange 1983 in „Traditionen des Sprechens" als Terminus eingeführt hat. Sie benutzt das lateinische Pronominaladjektiv *alter - der eine / der andere von beiden*, um diejenige Technik des Sprechens zu bezeichnen, mit deren Hilfe wir uns sprechend an andere Sprecher wenden und diese wiederum an uns. Diese „wechselseitige Bezugsnahme der Sprecher aufeinander" (S. 14) scheint so sehr ein Wesenszug des Sprechens zu sein, dass wir, wenn wir mit uns selbst reden, mit uns wie mit einem anderen reden. Insofern ist Alterität eine Gegebenheit, ja eine Vorgegebenheit, in die wir uns, das Sprechen lernend, einleben; sie ist uns aber auch aufgegeben, denn ihr jeweiliges Gelingen ist auch an unsere willentliche Einbeziehung des Anderen gebunden. In der Reflexion auf Alterität in ihrer Gegebenheit und in ihrer Aufgegebenheit kommt noch eine weitere innere Spannung zum Vorschein: Wir sprechen so wie die anderen in unseren Umfeldern, weil wir verstanden werden wollen. Die Sprache, die wir sprechen, teilen wir mit unseren Sprachgenossen, und zwar in dem Sinn, dass sie uns gemeinsam ist. Wir teilen sie aber auch im Sinne des Zerteilens, insofern wir als die Einzelnen, die wir jeweils sind, zu anderen Einzelnen in ihrer jeweiligen Eigenheit sprechen und dabei an die Grenzen des Verstehens stoßen. Zur Ambiguität von Alterität siehe B. Schlieben-Lange in: Zeitschrift für Literaturwissenschaft und Linguistik, Heft 110.

4 Emmanuel Lévinas: Die Spur des Anderen. Freiburg/München 1987[2], S. 110 ff.

5 W. v. Humboldt: Werke III. S. 215 f.

6 Jochen Hörisch: Die Wut des Verstehens. Frankfurt a. M. 1988.

7 Ein Beispiel zum Leitwort „Entgrenzung“: Unsere Anfänglichkeit und unsere Sterblichkeit machen uns zu Gästen auf dieser Welt, die in der Spanne Zeit, die ihnen gegeben, gewinnen, „je grösser die Masse der Gegenstände, der in Sprache verwandelten Welt, wird, und je vielfacher die in gemeinsames Verständnis tretenden Individualitaeten ... sind“. Die Entgrenzung, die W. v. Humboldt in dieser teleologischen Reflexion auf unsere menschliche Sprachlichkeit in den beiden Komparativen „grösser“ und „vielfacher“ thematisiert, ist eine, die unsere Möglichkeiten, auf Welt zu referieren und untereinander zu alterisieren, steigert. Der Zugewinn im Weltbezug ist bedingt durch die Steigerung, Pluralität zu nutzen. Dieses Bedingungsverhältnis gilt auch umgekehrt.

Ein Beispiel zum Leitwort „Hingabe“: Das Lob der Liebe soll in einer Runde zum Gesprächsthema werden. Der scharfzüngige Komödiendichter Aristophanes trägt als vierter von sieben seine weithin skurrile Geschichte von der Entstehung der Liebe vor. Von allem Beiwerk entkleidet, lautet die Botschaft: Die ursprünglichen Menschen waren an Kraft und Stärke gewaltig und wollten die Götter angreifen. Diese beratschlagen und entscheiden sich, die Menschen jeweils in zwei Hälften zu zerschneiden. „Nachdem nun die Gestalt entzwei geschnitten war, sehnte sich jedes nach seiner anderen Hälfte und so kamen sie zusammen ... und über dem Begehren zusammen zu wachsen, starben sie aus Hunger und sonstiger Fahrlässigkeit, weil sie nichts getrennt von einander tun wollten.“ (Platon: Symposion. 189 d) Was Platon dem Aristophanes in den Mund legt, ist eine spezifische Deutung eines Aspekts unserer menschlichen Gastrolle in der Welt, die bestimmt ist von Selbstbehauptung gegen und von Hingabe an und für Andere. In Menschenrechtskonzeptionen versuchen wir gegenwärtig, die Spannungsverhältnisse in dieser Gastrolle auszutarieren.

8 W. v. Humboldt: Werke III. S. 418.

9 Nicht immer ist der Vorstellungsgehalt offenkundig. Das Wort „Geist“ z.B. gibt uns Gegenwärtigen seine ursprüngliche Anschauungsgrundlage nicht unmittelbar preis. Aber in den vielfachen Wendungen, in denen wir das Wort gebrauchen (eine körperliche von einer geistigen Tätigkeit unterscheiden; einem geistvollen einen geistlosen Menschen gegenüberstellen; Geistesgegenwart loben, Geistesabwesenheit tadeln), ist die Vorstellung von etwas Innerlichem, das ein Vermögen ist, erwachsen. Achten wir gezielt und methodisch angeleitet auf dieses Wort, so zeigt sich, dass es als Übersetzungswort für das lateinische spiritus bzw. das griechische pneuma sein Schicksal hatte, und zwar als Heiliger Geist, bis es schließlich, wie vieles andere auch, säkularisiert wurde. Die vorsäkulare Phase ist uns in „wiederholter Rede“ (Coseriu) noch gegenwärtig, wenn der Geist „eingeflößt“ wird. Aber auch in der Unterscheidung von Geistlichem und Geistigem hat sie noch einen Nachhall.

10 G. Lackhoff/M. Johnson: Metaphors we live by. Chicago/London 1980.

11 W. v. Humboldt: Werke III. S. 227.

12 W. v. Humboldt: Werke III. S. 584 ff.

TEIL 3

ANHANG

MÄRCHEN, DIE IM RAHMEN DES PROJEKTES VON SEPTEMBER 2005 BIS JULI 2007 ERZÄHLT WURDEN

MARIETTA ROHRER-IPEKKAYA:

Deutschland:
Rumpelstilzchen (Grimm)
Rotkäppchen (Grimm)
Brüderchen und Schwesterchen (Grimm)

Griechenland:
König Midas

Persien:
Ali Baba und die 40 Räuber
Der Holzpantinenmacher und der Padischah
Die Tochter des Padischah

Dänemark:
Die wilden Schwäne (Andersen)

Norwegen:
Die Teufelsmühle

Sibirien:
Stark, stärker, am stärksten

Usbekistan:
Die kluge Tochter
Der Bei und der Kadi
Vom Zaubervogel Murkumomo
Gelernt ist gelernt

Aserbaidschan:
Die bärtige Ziege

Serbien:
Der Glückspfennig

Bosnien:
Die Pest im Sack

Türkei:
Die drei Zitronenmädchen
Das kluge Bauernmädchen
Die belebte Puppe
Der Geduldstein
Der schöne Fischer
Der greise Gärtner
Der halbe Hassan

Madagaskar:
Die Tochter des Grünen Wassers

Afrika:
Warum das Huhn bei den Menschen wohnt (Ghana)
Der kleine Kabenla (Ghana)
Die Zaubertöpfe (Nigeria)
Die unbekannte Welt (Nigeria)
Warum der Kolibri der König der Tiere ist (Nigeria)

KERSTIN OTTO:

England:
Jack und die Bohnenranke
Die Geschichte von den drei kleinen Schweinchen
Wittington und seine Katze
Klitzeklein
Mister Miacca
Kratzefuß

Afrika:
Der Fischer und der Affe
Lieb wie Salz
Das Haa und das Hii
Die Bohnenernte
Der schwarze Riese
Kjambaki

Dänemark:
Das schwarze Schiff
Hans und der Topf
Die Prinzessin von der Insel

Russland:
Das Schlösschen
Siwko Burko
Iwaschko und die Hexe
Schwesterchen Aljonuschka und Brüderchen Iwanuschka
Kullererbse
Die Rübe
Mascha und der Bär
Die Drossel und die Füchsin
Geschichte vom dummen Wolf
Die wilden Schwäne
Krümchen

Moldawien:
Der Zauberschatz

Georgien:
Msekala und Msewarda

Frankreich:
Der gestiefelte Kater

Italien:
Treticino
Pinto Smauto

Deutschland:
Das Eselein (Grimm)
Hänsel und Gretel (Grimm)
Frau Holle (Grimm)
Piff Paff Poltri (Grimm)
Der Teufel mit den drei goldenen Haaren (Grimm)

Arabische Märchen:
Prinz Aschraf und der Dschinnenkönig
Der Küchenbär

Schweden:
Der faule Lasse

SABINE KOLBE:

Russland:
Auf des Hechtes Geheiß
Die Froschzarin
Der schlaue Fuchs und der dumme Wolf
Iwan aus der Erbse
Das reife Äpfelchen im silbernen Schlüsselchen
Das Böhnchen
Maria Morewna
Oletschka

Dänemark:
Der Schweinehirt (Andersen)
Der fliegende Koffer (Andersen)
Die 12 mit der Post (Andersen)
Norwegen:
Das Schiff, das zu Wasser und zu Lande fährt
Das Kätzchen vom Dovreberg

Schweden:
Titteli Ture

Kroatien:
Fischer Palunko und das Glück

Österreich:
Kruzimugli

Deutschland:
Der süße Brei (Grimm)
Die sieben Raben (Grimm)
Das Wasser des Lebens (Grimm)
Vom Läuschen und vom Flöhchen (Grimm)
Seeschneekleerehfee (Fühmann)
Warum das Meerwasser salzig ist
(überliefertes Volksmärchen)

Frankreich:
Tapalapautau
Die schöne Jeanne
Das Kästchen
Bellah und Huarne und die Wasserfee von der Insel Lok
Das Blumenkörbchen – Goldene-Gans-Variante

Türkei:
Lügengeschichten aus der Zeit, in der mein Vater noch in der Wiege lag
(jeweils ein „Tekerleme“, ein im Türkischen beliebtes „Vormärchen“ zum Ohrenöffnen)
Das Töpfchen
Das Basilikummädchen
Allem Kallem, das Zauberspiel
Zümrüdü Anka, der Smaragdvogel
Nasreddin Hodscha-Geschichten

Irak:
Der Hund
Lu Lu

Italien:
Bratwurst und Wiesel

Ungarn:
Der kleine Schweinehirt
Der große und der kleine Kolosch
Vom Vögelchen und der Distel

England /Schottland:
Assipattle und der Lindwurm
Nicht-Nicht-Garnichts

Afrika:
Vom furchtsamen Hasen (Die Welt geht unter)
Der Sohn des Kimanaueze und die Tochter von Sonne und Mond
Der Hase und der Elefant
Der arme Jäger oder vor Zeiten als Katze, Maus und Schlange noch Freunde waren

From: kinderzumolymp
To: kristin.wardetzky@udk-berlin.de
Sent: Friday, May 25, 2007 11:32 AM
Subject: Sonderpreis der Jury KINDER ZUM OLYMP! 2007

Sehr geehrte, liebe Teilnehmer am Wettbewerb KINDER ZUM OLYMP!,

heute haben wir die große Freude, Ihnen mitteilen zu können, dass Ihr Projekt „Sprachlos?" im Wettbewerb KINDER ZUM OLYMP! „Schulen kooperieren mit Kultur" 2006/ 2007 den

Sonderpreis der Jury

gewonnen hat. Dieser Sonderpreis wird in diesem Jahr erstmalig an ein herausragendes Projekt mit ganz besonderer Ausstrahlung vergeben, ein Projekt das deutlich macht, wie Kunst und Kultur Integration im Schulalltag und darüber hinaus nachhaltig befördern können. Herzlichen Glückwunsch zu einem Preis von 5.000 Euro für ein neues schönes Projekt…

Die Preisverleihung, zu der wir Sie heute sehr herzlich einladen, wird, wie auch bereits in unserer letzten E-mail angekündigt, am

24. September 2007 um 12.00 Uhr
im Kleinen Saal des Konzerthauses Berlin
Gendarmenmarkt
Berlin

stattfinden. Unmittelbar anschließend sind alle zu einem spätsommerlichen Mittagessen im Atrium der Deutschen Bank Unter den Linden eingeladen. Die Veranstaltung wird insgesamt (einschließlich Mittagessen) bis ca. 15.00 Uhr dauern.

Wir würden uns sehr freuen, **vier Vertreter Ihres Projekts** zur Preisverleihung begrüßen zu können, jeweils einen **Vertreter der Schule, einen Kooperationspartner und zwei Schüler.** Sollten weitere Mitwirkende aus Ihrem Projekt auch zur Preisverleihung kommen wollen: Sie sind uns herzlich bei beiden Teilen der Veranstaltung willkommen! Wir bitten allerdings rechtzeitig um Nachricht, mit wie vielen Gästen aus Ihrem Projekt wir rechnen dürfen.

Natürlich freuen wir uns auch sehr, wenn Sie schon jetzt Presse und Öffentlichkeit von Ihrem Gewinn im bundesweiten KINDER ZUM OLYMP! Wettbewerb „Schulen kooperieren mit Kultur" Mitteilung machen. Damit Sie für alle (journalistischen) Fragen gerüstet sind, haben wir Ihnen noch unsere Pressemitteilung zum Abschluss des diesjährigen Wettbewerbs zur Information und eigenen Weiterverwendung sowie das Preisträgerlogo in die Anlage gepackt.
Bitte leiten Sie diese E-mail zur Information und auch zur Freude an Ihren Kooperationspartner weiter!

Alle weiteren Fragen beantworten wir Ihnen gern - auch telefonisch unter der unten angegebenen Nummer.

Schön, Sie im September auch persönlich kennenzulernen!

Nochmals herzliche Glückwünsche und die besten Grüße aus der Kulturstiftung der Länder

Ihr KINDER ZUM OLYMP!-Team: Dr. Margarete Schweizer und Christine Flügel

KulturStiftung der Länder

Lützowplatz 9, 10785 Berlin

Durchwahl: ++ 49 (30) 893635-17
Berlin, den 23. Mai 2007
kinderzumolymp@kulturstiftung.de

Pressemitteilung

zum Abschluss des Wettbewerbs KINDER ZUM OLYMP! „Schulen kooperieren mit Kultur" 2006/2007 der Kulturstiftung der Länder in Zusammenarbeit mit der Deutsche Bank Stiftung

Andrang beim Aufstieg – und Ankunft auf dem OLYMP!

Jetzt stehen die Sieger fest: In Berlin wurden am 21. und 22. Mai 2007 die Preisträger des dritten bundesweiten Wettbewerbs KINDER ZUM OLYMP! „Schulen kooperieren mit Kultur" gekürt, den die Kulturstiftung der Länder in Zusammenarbeit mit der Deutsche Bank Stiftung auslobt. Ziel des Wettbewerbs: Hier werden neue Ideen gewonnen, wie die musischen Fächer, die gleichzeitig Fach- und zentrale Schlüsselkompetenzen vermitteln und fördern, durch innovative Kooperationen mit Partnern aus der Kultur stärker in den Unterricht der allgemeinbildenden Schulen hineinwirken können.

Sieben Juries in den Sparten Bildende Kunst, Architektur und Kulturgeschichte, Film und Neue Medien, Literatur, Musik, Musiktheater, Tanz und Theater wählten unter den 385 Teilnehmern der Endrunde die besten Beispiele dafür aus, wie Schule und Kultur innovativ und nachhaltig zusammen arbeiten können. Insgesamt hatten sich über 800 allgemeinbildende Schulen aus allen Bundesländern am Wettbewerb beteiligt. Die 28 Preise - in jeder Sparte für die Klassen 1-4, 5-9, 10-13 und „Altersübergreifend" an Projekte aus ganz Deutschland vergeben – werden bei einer Preisverleihung am 24. September 2007 im Konzerthaus Berlin überreicht.
Der mit 5.000 Euro dotierte Sonderpreis der Jury, der in diesem Jahr erstmals verliehen wird, geht an ein Projekt, das neben hoher künstlerischer Qualität, innovativer Konzeption und Übertragbarkeit zusätzlich den Schwerpunkt kultureller und sozialer Integration beinhaltet:„Sprachlos?" ist ein Projekt zur Sprachförderung von Kindern mit Migrationshintergrund. Die Grundschüler der Anna-Lindh-Schule in Berlin-Wedding, von denen 90 % nicht deutscher Herkunft sind, werden nicht nur durch Lesen und Schreiben, sondern auch durch professionelle Schauspielerinnen und Märchenerzählerinnen der Universität der Künste/ Berlin „ zur Sprache gebracht".
Träger des Sonderpreises der Deutschen Bank für die beste Kooperation zwischen Schule und Orchester ist das Projekt Cool School Symphony des Kammerorchesters Unter den Linden mit der Gotzkowsky-Grundschule Berlin.

www.kinderzumolymp.de

Deutsch lernen in der Märchenstunde

Zuhören statt fernsehen: An der Weddinger Anna-Lindh-Grundschule zaubern Schauspieler Bilder in die Köpfe – das hilft der Sprachentwicklung
Von Dorothee Nolte

31.1.2006 0:00 Uhr
An der Herbert-Hoover-Realschule gilt Deutsch-Pflicht, weil die Schüler nicht rechtzeitig Deutsch gelernt haben. Damit es soweit gar nicht erst kommt, werden Grundschulen immer erfindungsreicher.

Diar zappelt. Er rollt sich auf dem Teppich herum, wirft ein Kissen hoch, boxt seine Nachbarn, lacht unvermittelt, zieht seine Strümpfe an und aus, schneidet Grimassen. Das Märchen von der weißen Stute, das die Schauspielerin Marietta Rohrer erzählt, interessiert ihn nicht, auch nicht die Abenteuer des Sohnes der Stute, der in der Unterwelt mit Drachen kämpft. Diar zappelt, er kann nicht anders, die Unruhe steckt in seinem Körper wie ein Virus, auch als Marietta Rohrer-Ipekkaya ihn auf den Schoß nimmt. Die anderen Erstklässler maulen, weil sie nichts verstehen. Diar (Name geändert) muss gehen und mit ihm ein anderer Störer.

Ruhe. Marietta Rohrer-Ipekkaya atmet auf. Sie thront auf einem weißen Korbsessel, um sie herum liegen und sitzen auf dem hellblauen Teppich, der „Märchenwolke", zehn Fünf- bis Siebenjährige, jeder an sein Kissen gekuschelt. Jetzt erst kann der Raum für eine Geschichte entstehen, hier im Erzählraum der AnnaLindh-Grundschule in Wedding, jetzt erst kann die Theaterpädagogin ihre Kunst entfalten: mal flüstern, mal laut werden, mal prinzessinnenhaft piepsen, mal grollen und auf den Boden stampfen wie ein Riese, dabei ihre kleinen Zuhörer immer fest im Blick. Kein Buch steht zwischen ihr und den Kindern, das ungarische Volksmärchen erfüllt den Raum, und die Erstklässler hängen an ihren Lippen oder rufen, voll der Identifikation: „Ich bin der Prinz!" Einige dösen auch. Aber alle sind für die Dauer der Erzählstunde in einer anderen Welt.

Einfach nur zuhören, einer Geschichte folgen, Bilder im Kopf erzeugen statt sie vom Fernseher abzusaugen – das müssen viele Kinder erst lernen. „Sie können sich zum Teil nicht länger als 30 Sekunden auf etwas konzentrieren", sagt die Rektorin der Anna-Lindh-Schule, Renate Preibusch-Harder. „Von zu Hause aus sind sie es oft gar nicht gewöhnt, dass jemand über längere Zeit mit ihnen redet oder ihnen vorliest." 80 bis 90 Prozent der Kinder, die die Weddinger Grundschule besuchen, haben einen Migrationshintergrund. Gerade sie sollen durch das Projekt „Erzählen und Spielen", das seit Herbst vergangenen Jahres läuft, in ihrer Sprachentwicklung gefördert werden: in einem Alter, das entscheidend ist auch für die Lesefähigkeit und -motivation.

Vier Erzählerinnen kommen an zwei Vormittagen in die Schule und halten in einem eigens umgebauten Raum Märchenstunden ab – die Klassen werden dafür aufgeteilt, damit eine konzentrierte Atmosphäre entstehen kann. Die Geschichten stammen aus unterschiedlichen Kulturen, so wie die kleinen Zuhörer auch. „Die Kinder müssen gar nicht jedes einzelne Wort verstehen", sagt Marietta Rohrer-Ipekkaya. „Wichtiger ist, dass die Geschichte in ihnen nachhallt."

Das Projekt geht, ungewöhnlich genug, auf eine private Initiative zurück: Marie-Agnes von

Stechow (siehe Interview) entwickelte das Konzept mit der Schulleiterin und den Theaterpädagoginnen Ulrike Hentschel und Kristin Wardetzky von der Universität der Künste (UdK). Sie suchte Unterstützer wie Richard von Weizsäcker oder die Schauspielerin Edith Clever und warb um Sponsoren: Die Deutsche-Bank-Stiftung unterstützt das Projekt mit 32 000 Euro, die Norddeutsche Landesbausparkasse und die Volkswagenstiftung sind mit kleineren Beträgen beteiligt, die UdK investiert rund 10 000 Euro für die wissenschaftliche Begleitung.

Sprachstandserhebungen vor und nach dem Schuljahr werden zeigen, ob die Märchen-Kinder bessere Fortschritte machen als die Kinder in den zunächst nicht geförderten Parallelklassen. Wenn ja, sollen Fortbildungen für Lehrer im Erzählen folgen, denn das Ziel des Projekts ist, das Märchenerzählen in den Unterricht und die Curricula zu integrieren. Eigentlich wäre das leicht, meint Felix Strasser, der für die UdK das Projekt begleitet. „Die Lehrer könnten doch jeden Morgen zuerst ein Märchen erzählen!“

Schulprojekt

Der Müllmann, der ein Müller ist

Märchenerzählerinnen in den Schulen regen die Phantasie an: 40 Minuten lang hören die kleinen Kinder aufmerksam zu, wenn die Geschichtenerzählerinnen von verwunschenen Zeiten erzählen.

Von Dorothee Nolte

11.9.2007 0:00 Uhr

„Es war einmal ein Müller, der lebte in einem kleinen Haus …“ – Moment mal, Müller, was ist das, vielleicht ein Müllmann? „Das Haus lag an einem großen Fluss, der Donau hieß“ – Donau, komisches Wort, klingt wie Döner! „Eines Tages …“ Die Stimme der Erzählerin ist ruhig, sie blickt die um sie versammelten Kinder aufmerksam an, erst wenn die Geschichte vom Müller eine dramatische Wendung nimmt, wird sie die Stimme erheben, gestikulieren und mit den Augen rollen. Die Zweitklässler der Anna- Lindh-Grundschule hören gebannt zu. Was macht es, dass sie nicht wissen, was ein Müller ist und beim Wort Donau zuerst Döner assoziieren? Am Ende der Geschichte werden sie eine Vorstellung davon entwickelt und 40 Minuten lang ihre Fantasie trainiert haben.

An zwei Vormittagen in der Woche bekommen die Zweitklässler ihre Märchenstunde im eigens dafür eingerichteten Erzählraum. Vier professionelle Erzählerinnen kommen abwechselnd in die Weddinger Grundschule und tragen Märchen aus unterschiedlichen Kulturkreisen vor – ohne Buch, aber mit all den sprecherischen und schauspielerischen Mitteln, die sie in ihrer Ausbildung an der Universität der Künste (UdK) erworben haben.

Dass Kinder, von denen die meisten zu Hause nicht mit der deutschen Sprache aufwachsen, 40 Minuten zuhören, ist schon an sich erstaunlich. Als das Projekt „Erzählen und Spielen“ vor zwei Jahren an der Weddinger Grundschule begann, war das auch keineswegs der Fall. „Die Erzählstunden waren wie Wechselbäder“, erinnert sich Christiane Weigel, die das Projekt für die UdK wissenschaftlich begleitet hat. „Die Kinder tobten und schrien durcheinander, sie waren nicht gewöhnt, sich zu konzentrieren.“

Kristin Wardetzky, Theaterpädagogin an der UdK und Projektleiterin, ergänzt: „Diese Kinder haben zu Hause oft niemanden, der lange mit ihnen spricht oder ihnen vorliest. Oft genug ist ihre Fantasie völlig von Fernsehbildern in Beschlag genommen. Zuhören, Bilder im Kopf entstehen zu lassen, das kannten sie nicht.“

Trotz der anfänglich entmutigenden Erfahrungen wollten die Theaterpädagoginnen nicht von ihrem Konzept abweichen, das darin besteht, die deutsche Sprache auf künstlerische Weise zu vermitteln. „Die Erzählerinnen vereinfachen nicht, sie benutzen bewusst eine poetische Sprache, und sie erklären auch nicht jedes Wort, das die Kinder nicht kennen“, erläutert Kristin Wardetzky.

Ein Ansatz, der mit der Zeit offenkundig Wirkung zeigt. Die wissenschaftliche Auswertung, die jetzt vorliegt, belegt: Die Kinder haben nicht nur gelernt zuzuhören; sie erzählen die Geschichten auch nach und benutzen dabei vorher unbekannte Wörter; und sie erzählen eigene Geschichten mit deutlich erweiterten sprachlichen Mitteln. „Mich hat beeindruckt, dass gerade lernschwache Kinder davon profitieren“, berichtet Christiane Weigel, die mit den Kindern immer wieder Entwicklungstests gemacht hat.

Der Direktor der Anna-Lindh-Schule, Thomas Leeb, ist ein glühender Befürworter des Projekts: „Das ist die beste Art der Sprachförderung, die ich kenne", sagt er. Die Kinder, die an dem Projekt teilgenommen haben, hätten in den Vergleichsarbeiten deutlich besser abgeschnitten als ihre Mitschüler aus Parallelklassen. Die sinnliche Erfahrung von Sprache, die Betonung von Klang, Rhythmus, Stimme, Gestik erweitern offenbar das Sprachvermögen der Kinder mehr als so manche Deutschstunde, in der erklärt und geübt wird.

Angestoßen wurde das Projekt von einer Privatfrau: Marie-Agnes von Stechow konnte Unterstützung von der Deutschen Bank einwerben – Geld, das nach zwei Jahren aufgebraucht ist. Das Projekt hat einen Preis im bundesweiten Wettbewerb „Kinder zum Olymp" gewonnen. Von dem Preisgeld können die Kinder der Anna-Lindh-Schule noch ein halbes Jahr ihre Märchenstunde genießen. Das Quartiersmanagement Sparrplatz bezahlt dafür, dass Erzählerinnen bis Dezember in drei andere Schulen gehen können. Nun werden Unterstützer gesucht, damit es nicht bald heißt: „Es war einmal ein Erzählprojekt …"

(Erschienen im gedruckten Tagesspiegel vom 11.09.2007)

Voller Aufmerksamkeit und sichtlich hingerissen: Schulkinder bei der Märchenstunde

KINDER ZUM OLYMP!: Sonderpreis für Integration für das Projekt „Sprachlos?"

Die Deutsche Bank Stiftung ist Partner und Förderer des Wettbewerbs KINDER ZUM OLYMP! der Kulturstiftung der Länder. 2007 wurden zum dritten Mal gelungene Kooperationsprojekte zwischen Schülern aller Altersklassen und einer Kulturinstitution, einem Künstler oder einer Künstlergruppe ausgezeichnet. Erstmals vergab die Jury einen mit 5.000 Euro dotierten Sonderpreis für ein Projekt, das neben hohem künstlerischem Anspruch zusätzlich den Schwerpunkt kultureller und sozialer Integration beinhaltet. „Sprachlos?" ist ein Projekt zur Sprachförderung von Kindern aus Migrantenfamilien. Die Grundschüler der Anna-Lindh-Schule in Berlin-Wedding, einem Bezirk, an dessen Schulen bis zu 90 Prozent der Schüler nichtdeutscher Herkunft sind, werden neben dem herkömmlichen Deutschunterricht auch durch professionelle Schauspielerinnen und Märchenerzählerinnen der Universität der Künste Berlin an die deutsche Sprache herangeführt.

Anstoß für das Projekt gaben die Erfahrungen dieser Erzählerinnen. Sie haben festgestellt, dass erzählte Märchen und Mythen eine besondere Wirkung auf Kinder ausüben. Anders als vorgelesene Geschichten vermögen sie selbst solche Kinder zu fesseln, die ansonsten kaum einige Minuten lang konzentriert zuhören können. Dieser Effekt ist besonders auffällig bei Migrantenkindern, denen die deutsche Sprache nicht so vertraut ist, aber auch bei hyperaktiven Kindern oder Kindern aus bildungsfernen Elternhäusern.

An der Anna-Lindh-Schule werden den Schülern der Projektklassen ein- bis zweimal wöchentlich im Rahmen des Unterrichts Märchen aus ihren Herkunftsländern erzählt. Während es anfangs vor allem darum ging, das konzentrierte Zuhören zu trainieren, üben die Kinder inzwischen verstärkt, selbst Märchen zu erfinden und ihren Mitschülern zu erzählen. Sie sind nun in der Lage, bis zu 45 Minuten konzentriert und mit innerer Anteilnahme zuzuhören. Ihre Sprachkompetenz ist deutlich gesteigert und ihre Kommentare und Fragen belegen, dass sie die Inhalte der Geschichten tatsächlich nachvollziehen.

www.kinderzumolymp.de

Es war einmal: Eine Schule in Wedding

Im Projektverlauf konnten die Kinder immer besser und freier selbst kleine Geschichten erzählen

Tessen von Heydebreck mit Schülern des „Sprachlos?"-Projekts bei der Preisverleihung in Berlin

Interview mit Renate Preibusch-Harder, ehemalige Schulleiterin der Anna-Lindh-Schule in Berlin-Wedding und Mitinitiatorin des Projekts „Sprachlos?"

Frau Preibusch-Harder, Sie haben als damalige Schulleiterin das Projekt „Sprachlos?" an der Anna-Lindh-Schule begleitet. Wie kamen Sie auf die Idee, professionelle Märchenerzählerinnen an Ihre Schule zu holen?

Wir wollten Kinder nichtdeutscher Herkunftssprache effektiver fördern als bisher. Die herkömmlichen, sehr verschulten Methoden und Medien haben nur dürftige Ergebnisse geliefert – wir suchten nach einem neuen, emotional bedeutsamen und lustvollen Zugang anstelle des üblichen schulischen Vermittelns der Zweitsprache.

Sie legen Wert darauf, dass die Märchen frei erzählt und nicht vorgelesen werden. Warum?

Beim freien Erzählen gibt es keine Barriere zwischen Erzählerin und Zuhörern. Die Darstellung der ausgebildeten Schauspielerin spricht neben dem Hör- auch den Sehsinn an, denn sie erzählt mit ihrem ganzen Körper. Dadurch, dass ihre Augen nicht an einem Buchtext, sondern an den Kindern hängen, bezieht sie die Kinder auf eine körperlich fühlbare Art und Weise in das Geschehen des Märchens ein. Diese Wirkung erreichen wir durch Vorlesen nicht in dieser Intensität.

Die überlieferte Sprache der Märchen weicht ja oft erheblich von unserer Alltagssprache ab. Können Kinder, die in Sprachtests kaum rudimentäre Deutschkenntnisse vorweisen können, mit dieser Sprache überhaupt etwas anfangen?

Wir Lehrer waren auch erst skeptisch, doch unsere Bedenken wurden schnell zerstreut. Manchmal hatten die Erzählerinnen Anschauungsmaterial dabei, etwa eine Spindel. Entscheidender war aber wohl ihre Körpersprache, mit der sie erreichten, dass die Kinder die für sie gänzlich ungewohnte literarische Sprache verstanden und nach und nach sogar in ihren aktiven Wortschatz übernahmen.

Sie schildern in Ihrem Projektbericht bewegende, manchmal auch lustige Erlebnisse aus dem Unterricht. Was hat Sie besonders berührt?

Ein russischer, sehr stiller Schüler bekam leuchtende Augen, als die Erzählerin ein Märchen von der Baba Jaga erzählte, das er in seiner Muttersprache kannte. Nach kurzem Zögern kam er der Aufforderung nach, seinen Mitschülern das Märchen zu erzählen – auf Russisch. Obwohl diese ihn natürlich nicht verstanden, lauschten sie andächtig. Dieses Erlebnis gab dem Jungen so viel Selbstbewusstsein, dass er bald darauf endlich aktiv zu sprechen begann, und zwar auf Deutsch!

aus: *Engagement überwindet Grenzen*
Tätigkeitsbericht 2007
Deutsche Bank Stiftung

Bildnachweis

Fotografien von Angela Kröll, sofern nicht anders vermerkt

Seite 8, 32, 36, 47 oben, 72 oben rechts: Carsten Koall; Seite 11, 23, 27, 72 oben rechts und unten rechts: Johannes Beisele; Seite 49 unten: Christiane Weigel

DVD: Nadine Peschel

Wir bedanken uns bei der Kommission für künstlerische und wissenschaftliche Vorhaben der Universität der Künste Berlin und bei der Deutschen Bank Stiftung, ohne deren finanzielle Unterstützung das Erscheinen dieser Dokumentation nicht möglich gewesen wäre.